YO SOY DE LINAJE REAL

"Descubre tu Identidad, Activa tu Propósito y Vive tu Destino"

SIDNEY MORALES

Yo Soy de Linaje Real
Apóstol Sidney Morales
@2024 Primera edición

Editado y publicado por:
Rodriguez & Jones Translation Services
Fort Worth, TX
Rjtransservices@gmail.com

Diseño original de portada:
Juan Sierra
Diseño gráfico de portada:
David Quiroz de Kultura Creativa

ISBN: 9798332594298

YO SOY DE

Linaje Real

NOTA DEL AUTOR

El término "hombre" o "el hombre" ha sido utilizado a través de todo el libro para describir a todo el género humano: hombres, mujeres, jóvenes y niños.

DEDICACIÓN

Al Padre por su gran amor, al Rey Jesucristo por elegirme, al Espíritu Santo por inspirarme.

A mi amada esposa: Paty Tercero Morales, por ser mi ayuda idónea y un ejemplo para mí.

A mis Padres: Héctor R. Morales y Gladys Negrón Martínez, por su amor y sacrificios para darme un futuro mejor.

CONTENIDO

PRÓLOGO

Cuando conocí a mi esposo me impresionó la fe con la que caminaba. Nunca había conocido a alguien que creyera tan radicalmente lo que Dios decía para ponerlo rápidamente en práctica. Dios nos conectó para que juntos hiciéramos la transición a un nuevo nivel en nuestras vidas, tanto en lo personal como en el ministerio. A través de los años que hemos servido juntos al Señor, he visto como Sidney ha tomado cada experiencia que enfrentamos como una oportunidad para crecer.

Dos años después de habernos casado, experimentamos la urgencia de recibir un nuevo nombre ministerial: *LINAJE REAL*.

Los cristianos necesitamos aprender a ver en el espíritu y recibir una de las revelaciones más poderosas en Dios: que somos hijos, parte de un linaje excepcional, llamados para llevar a cabo grandes proezas. Siendo hijos, tenemos acceso al reino de los cielos para hacer descender los recursos necesarios y heredar las promesas del Padre Celestial. Necesitamos experimentar un cambio de mentalidad para conquistar la verdad de Dios para nosotros. Paso a paso y día a día, y de la mano del Espíritu Santo, nos activamos para llegar a vivir nuestro destino profético.

Yo Soy de Linaje Real, es un libro que te establecerá en la verdad bíblica de tu identidad en Cristo y la importancia de enfocarte en tu propósito para la gloria de Dios. Tus pensamientos cambiarán al leer cada experiencia que el apóstol Sidney ha experimentado en su proceso de manifestar la revelación de ser de Linaje Real. Toma un lápiz y papel, porque este libro activará los sueños de Dios para tu vida y tendrás ideas creativas de cómo comenzar, mantenerte y finalizar bien la carrera.

¡Prepárate para activar tu propósito y vivir tu destino, porque tú eres de Linaje Real!

Patricia Tercero Morales
Ministerio Linaje Real Internacional
Lafayette, Luisiana

INTRODUCCIÓN

ATRAPADO

Eres único, eres maravilloso, eres valioso, eres poderoso, eres justo, eres santo, eres escogido, eres un hijo amado; eres parte de la realeza". Éstas, son verdades que Dios declaró y estableció describiéndote en Jesucristo. "Tienes dones, darás mucho fruto, marcarás la diferencia, serás bendecido y serás de bendición para muchos"; son verdades que hablan acerca del propósito que Dios estableció para ti. Tal vez, algunos de estos términos te suenen extraños y no puedas identificarte con ellos en este momento. Tal vez pienses: "Si él supiera mi realidad y de dónde vengo no pensaría que esas palabras me describen a mí". Quiero decirte que te entiendo. Durante años, yo permanecí atrapado en lo que yo describo como "la caja de cristal" en donde mis pensamientos acerca de quién soy estaban limitados. Aunque creía en las palabras de Dios, no me podía ver viviendo esas verdades. Parecía como si las palabras y las promesas de Dios fueran ideas muy lejanas o inalcanzables.

¿A qué se debe esto? Algunos le llaman el acondicionamiento mental conformado por el ambiente en donde crecimos, las palabras que recibimos en el hogar y nos marcaron, la mala educación obtenida, experiencias difíciles vividas, las doctrinas religiosas erradas, los traumas, y los abusos, entre otros. Cuando estamos atrapados en ese cajón invisible, sentimos la opresión del acondicionamiento mental recibido y escuchamos la verdad de Dios acerca de nosotros, y aunque la creemos en nuestro espíritu, nuestra mente y emociones no las aceptan, porque es contraria a la programación mental que recibimos durante años y años.

Una persona reprimida por las palabras, acciones, circunstancias, o experiencias del pasado, no se levantará para vivir el diseño de Dios, porque piensa que no es suficiente para lograr esa idea, sueño o visión de Dios. La mentalidad incorrecta adquirida, te roba la confianza en ti mismo para hacer algo significativo con tu vida y vivir el destino de Dios.

Comencé el capítulo con adjetivos que describen como Dios habla de ti. ¡Tú eres muy valioso! Tú eres Su hijo, y Dios ha puesto en ti la naturaleza y el carácter de Jesucristo. Hasta tu cuerpo es maravilloso y valioso. Dios te formó de la tierra, la cual está llena de minerales, incluyendo hierro, cobre, plata y oro. ¡Sí, hay oro en ti! Fuiste creado maravillosamente.

Mi convicción es firme, que la tierra está gimiendo por la manifestación de los hijos de Dios (Romanos 8:22). Necesitamos perfeccionar y manifestar los dones que Dios ha puesto en nosotros para bendición de muchos. Necesitamos el "tú" que Dios planeó desde la fundación del mundo. Naciste con propósitos divinos para este tiempo.

Hace años atrás, sentí que Dios me llamaba a escribir un libro. Mi primera reacción fue: "¿Yo un autor? ¿Quién soy yo?". Recibí la palabra de ese propósito de Dios y hasta la compartí con otras personas, pero todavía me sentía incapaz, no digno; mi mente no había cambiado. Las buenas noticias son que las palabras de Dios son semillas poderosas que entran en la tierra de nuestro corazón, y crecen con fuerza hasta romper las limitaciones mentales y emocionales. Cuando tú crees y recibes tu identidad en Cristo y el propósito de Dios, aunque no quepan en tu mente, esas semillas crecerán, renovarán tu mentalidad y transformarán todo tu ser. Solo necesitamos mantener nuestra relación con Dios.

Yo pasé de cuestionarme, a soñar con Dios, viéndome dentro del diseño de Dios ayudando a muchos a salir de su prisión mental para vivir su propósito de Dios. Pasé de "esperar en Dios" a lanzarme a escribir, y lo intenté varias veces, pero no lo terminaba. Entonces entendí que necesitaba preparación para realizar este proyecto y manifestarlo. Así que comencé a prepararme, y fue cuando mi amada esposa, Pati, escribió su segundo libro: "Es Tiempo de Fructificar". Las palabras en ese libro y su ejemplo me inspiraron a lanzarme una vez más a escribir y a terminar el libro que Dios me había encargado aquel día. ¿Qué sucedió? La caja de cristal, en la cual mis pensamientos estaban atrapados, ¡se rompió!

Es mi oración que así sea contigo, que te suceda como en la portada de este libro. Que tu caja de cristal mental sea destrozada al recibir las verdades del reino, y que Dios active sus grandes propósitos en ti. Que te levantes inspirado a vivir el destino de Dios, con la identidad y la unción del rey Jesucristo, para Su gloria y Su honra. Así que te invito a que entremos juntos por la puerta de este libro, y caminemos a través de estas verdades. ¡Tu tiempo de activación ha llegado!

CAPÍTULO 1
¿DÓNDE NACÍ Y DE DÓNDE VENGO?

Estas son de esas preguntas eternas que todos nos hacemos en algún momento de nuestras vidas. Tanto es así, que existen compañías multimillonarias que se dedican a ayudarte, a conocer tu historia, tu línea ancestral y de dónde vienes. Muchos pagan cientos de dólares, y cuando reciben la información continúan con dudas y con un vacío interno. ¿A qué se debe esto? Dios ha puesto en el ser humano un profundo deseo de conocer su origen y, por lo tanto, conocerlo a Él. El país en donde naciste fue sólo tu puerto de entrada a este mundo, pero no el lugar de tu nacimiento. Tu origen y tu procedencia no comenzaron en esta tierra.

En el principio era solo Dios, y Dios manifestó Su idea e intención de lo que Él creó primero en tu interior, y después lo decretó. "En el principio creó Dios los cielos y la tierra... Y dijo Dios: Sea la luz; y fue la luz" (Génesis 1:1-3 RV1960). Todo el universo y lo que hay en él fue creado en el espíritu de Dios, incluyendo a nosotros. Así que fuimos creados en Dios y salimos del espíritu de Dios. Las sagradas escrituras dicen: "Según nos escogió en Él antes de la fundación del mundo, para que fuésemos santos y sin mancha delante de Él" (Efesios 1:4).

Si Dios nos escogió desde antes de la fundación del mundo, eso significa que ya existíamos en Él. Fuimos creados desde el principio por la voluntad, decisión, intención e idea de Dios. Génesis 1:26 dice: "Entonces dijo Dios: "Hagamos al hombre a nuestra imagen, conforme a nuestra semejanza; y señoree en los peces del mar, en las aves de los cielos, en las bestias, en toda la tierra, y en todo animal que se arrastra sobre la tierra". Ciertamente fuimos concebidos y creados en el espíritu de Dios, y fuimos enviados a la tierra para vivir y cumplir los propósitos de Dios en este tiempo de la historia. Esta verdad es importantísima, porque continuamente usamos el lugar de nuestro nacimiento como punto de referencia para medirnos e identificarnos. Es cierto que en lo natural nacimos en un país específico y estamos agradecidos con Dios por eso, pero el país en donde tú piensas que naciste fue solo tu punto de entrada a esta tierra. Ese país no es tu patria, esa es la tierra madre que abrió el vientre para que tú entraras en este mundo para vivir el propósito de Dios. Tu patria es celestial. Tu punto de origen es celestial. Mira lo que declaran las sagradas escrituras: "Mas nuestra ciudadanía está en los cielos, de donde también esperamos al Salvador, al Señor Jesucristo" (Filipenses 3:20).

Somos ciudadanos de una patria celestial. Fíjate que dice "nuestra ciudadanía está" no dice "estará algún día", sino que ya es. Tenemos una patria celestial, un lugar de paternidad y procedencia, y somos ciudadanos del reino de los cielos. El escritor del libro de Hebreos en las sagradas escrituras dice, y parafraseo, que aquellos héroes de la fe anunciados en el capítulo once, coincidieron que eran peregrinos y extranjeros aquí en este mundo, y murieron en fe esperando ver su patria celestial, por eso Dios no se avergüenza de ser llamado el Dios de ellos (Hebreos 11:13-16).

Nacimos en el espíritu de Dios, pertenecemos al reino de Dios, nuestra patria es celestial, y Dios nos envió a esta tierra con un propósito, una asignación, y un destino divino.

Para vivir el destino de Dios, tenemos que romper con los pensamientos limitantes de la cultura en la cual crecimos. La mayoría de las personas son prisioneras de sus culturas en donde crecieron. Muchos venimos en lo natural, de un linaje oprimido, victimizado y sin identidad. ¿Cuánta gente piensa que viene de los esclavos? ¿Cuánta gente piensa que viene de los monos? ¿Cuántos piensan que son el resultado de un accidente? Cuando le pregunto a la mayoría de las personas en Latinoamérica: ¿De dónde vienes y cuál es tu identidad? No pueden contestar, entran en confusión, y eso crea una parálisis de propósito. Tales pensamientos nos limitan de disfrutar los beneficios del reino del cual somos ciudadanos.

Algunos piensan que nosotros estamos acá abajo en la tierra separados del reino de los cielos, esperando a aquel día cuando vayamos al cielo. Pero no es así. Desde el momento que el Señor y Rey Jesucristo comenzó a predicar declaró: "Arrepentíos, porque el reino de los cielos se ha acercado" (Mateo 4:17 RV1960). Jesucristo estaba diciendo: Mí reino ya está aquí y lo he traído para quedarse. El evangelio según Lucas revela la siguiente verdad: "Preguntado por los fariseos, cuándo había de venir el reino de Dios, les respondió y dijo: "El reino de Dios no vendrá con advertencia, ni dirán: Helo aquí, o helo allí; porque he aquí el reino de Dios está entre vosotros" (Lucas 17:20-21). Así que, los líderes religiosos pensaban que el reino de Dios vendría algún día, pero la verdad eterna, Jesucristo, les explicó que el reino de Dios ya estaba entre nosotros.

Cuando el punto de procedencia de tu identidad cambie al reino de Dios, todo tu mundo cambiará. Pensarás diferente. Abrazarás tu ciudadanía del reino celestial y vivirás bajo sus principios perfectos con una vida abundante. Pero si continúas conectado a tu linaje terrenal, te identificarás con el pecado y dirás: "Pues mi papá era así también, o mi mamá es así". Te identificarás con la enfermedad como acostumbran a preguntar los médicos: "¿Padece su padre de esta condición?" Te identificarás con la carencia diciendo: "Vengo de familia pobre, siempre nos ha faltado algo". Te identificarás con el dolor del pasado, el cual te llevará a decir "no puedo, no sirvo". Si tú decides vivir el destino de Dios, entonces tienes que reclamar tu ciudadanía y cambiar tu punto de procedencia. Comienza a decirlo, "Yo nací en Dios. Yo soy un hijo de Dios. Yo vine a esta tierra para cumplir una asignación y un propósito". De esa forma romperás esa caja de cristal en la cual tu mente ha estado atrapada por los pensamientos limitantes de tu cultura. Tú eres un ciudadano del reino de los cielos, el cual se ha extendido aquí en la tierra. Tú estás en este mundo, pero no eres de este mundo. Tú has sido llamado a caminar bajo los principios de un mundo o sistema diferente. El reino de Dios está aquí en la tierra.

Punto de acción:
Dale gracias y gloria a Dios por tu identidad en Él. Renuncia a todo pensamiento limitante de tu pasado. Desconéctate de tu linaje adámico y conéctate al linaje real.

CAPÍTULO 2

JESUCRISTO COMO SEÑOR Y REY

Los patriarcas lo vieron, los profetas lo anunciaron, los arcángeles lo confirmaron, los ángeles le cantaron, los sabios le adoraron, los ciegos le reconocieron, los apóstoles lo predicaron, los gobernantes lo percibieron, los demonios le rogaron. Me estoy refiriendo a Jesucristo como Señor y Rey del universo. Para entender la naturaleza del reino de Dios y nuestro propósito aquí, primero tenemos que conocer al Rey. Pues el reino refleja y expresa la voluntad, la intención, la cultura y la gloria del rey. Los profetas del antiguo testamento profetizaron y prometieron la venida de un rey. Los apóstoles en el nuevo testamento enseñaron acerca del rey Jesucristo. El Señor Jesucristo declaró hablando de sí mismo ante Poncio Pilato, que Él es el Rey del reino de los cielos. Veamos algunas de estas referencias arriba mencionadas.

1. El profeta Isaías, unos 700 años antes que Cristo viniera, profetizó: *"Porque un niño nos es nacido, hijo nos es dado, y el principado sobre su hombro; y se llamará su nombre Admirable, Consejero, Dios Fuerte, Padre Eterno, Príncipe de Paz. Lo dilatado de su imperio y la paz no tendrán límite, sobre el trono de David y sobre su reino, disponiéndolo y confirmándolo en*

juicio y en justicia desde ahora y para siempre. El celo de Jehová de los ejércitos hará esto" (Isaías 9:6-7 RV1960).

Fíjate que el profeta utiliza términos que describen a un rey: "Principado o gobierno sobre su hombro"; "lo dilatado de su imperio"; "sobre el trono de David". Estas son referencias de un rey.

2. El arcángel Gabriel lo anunció: *"Éste será grande, y será llamado Hijo del Altísimo; y el Señor Dios le dará el trono de David su padre; y reinará sobre la casa de Jacob para siempre, y su reino no tendrá fin"* (Lucas 1:32-33 RV1960).

Uno de los seres angelicales más prominentes del reino de Dios anuncia y confirma lo que Isaías profetizó, y sus palabras lo declararon: "Dios le dará el trono de David y reinará para siempre, su reino no tendrá fin".

3. Los Sabios vinieron a adorarle: *"Cuando Jesús nació en Belén de Judea en los días del rey Herodes, vinieron del oriente a Jerusalén unos magos, diciendo: ¿Dónde está el rey de los judíos, que ha nacido? Porque su estrella hemos visto en el oriente, y venimos a adorarle"* (Mateo 2:1-2).

Estos hombres sabios, eran astrólogos, identificados en aquel tiempo como magos, vinieron desde un país del oriente. Algunos teólogos afirman que el viaje debió tomarles meses y una buena cantidad de dinero. Vinieron con regalos representativos y dignos de un rey, como el oro. Cuando llegaron a Jerusalén preguntaron: "¿Dónde está el rey que ha nacido?". Para sorpresa de ellos, nadie lo sabía, desde el rey de la región hasta los líderes religiosos no reconocieron los tiempos. Los Sabios declararon: "Vimos su estrella y hemos venido a adorarle". Estos hombres sabios reconocieron que había nacido un rey, y que ese rey merecía adoración, o sea, el Mesías, el Rey ungido con el Espíritu de Dios.

4. Los ciegos le reconocieron. Los Evangelios presentan por lo menos a 3 ciegos en dos ocasiones que tuvieron la visión de quien era Jesucristo. Ellos no tenían vista natural, pero si visión espiritual, lo cual les movió en fe para pedir y recibir sus milagros. *"Aconteció que, acercándose Jesús a Jericó, un ciego estaba sentado junto al camino mendigando; y al oír a la multitud que pasaba, preguntó qué era aquello. Y le dijeron que pasaba Jesús nazareno. Entonces dio voces, diciendo: ¡Jesús, Hijo de David, ¡ten misericordia de mí! Y los que iban delante le reprendían para que callase; pero él clamaba mucho más: ¡Hijo de David, ten misericordia de mí! Jesús entonces, deteniéndose, mandó traerle a su presencia; y cuando llegó, le preguntó, diciendo: ¿Qué*

quieres que te haga? Y él dijo: Señor, que reciba la vista. Jesús le dijo: Recíbela, tu fe te ha salvado. Y luego vio, y le seguía, glorificando a Dios; y todo el pueblo, cuando vio aquello, dio alabanza a Dios" (Lucas 18:35-43).

Fíjate en el lenguaje que usó el ciego, cuando él preguntó quién estaba pasando por allí, las personas que estaban alrededor le dijeron que era Jesús nazareno. No le dijeron "el rey Jesús está pasando", solo "Jesús el nazareno", pero aquel ciego comenzó a dar voces diciendo: "Hijo de David" o sea "Hijo del rey" o "Rey prometido" ten misericordia de mí. ¿Quién tiene la autoridad para dar perdones? ¿Para ejercer misericordia? Un rey tiene autoridad para dar perdones. Aquel ciego cargaba con la profecía de Isaías en su mente; Dios enviará el Mesías prometido, aquel rey ungido con la autoridad sobre su hombro, quien hará milagros y liberará al pueblo.

5. Los apóstoles predicaron a Jesucristo como el Señor y el Rey. El apóstol Pablo le describió así: *"Cristo es la imagen visible del Dios invisible. Él ya existía antes de que las cosas fueran creadas y es supremo sobre toda la creación porque, por medio de Él, Dios creó todo lo que existe en los lugares celestiales y en la tierra. Hizo las cosas que podemos ver y las que no podemos ver, tales como tronos, reinos, gobernantes y autoridades del mundo invisible. Todo fue creado por medio de Él y para Él. Él ya existía antes de todas las cosas y mantiene*

unida toda la creación. Cristo también es la cabeza de la iglesia, la cual es su cuerpo. Él es el principio, supremo sobre todos los que se levantan de los muertos. Así que Él es el primero en todo. Pues a Dios, en toda su plenitud, le agradó vivir en Cristo, y por medio de Él, Dios reconcilió consigo todas las cosas. Hizo la paz con todo lo que existe en el cielo y en la tierra, por medio de la sangre de Cristo en la cruz" (Colosenses 1:15-20 NTV).

¡Soberano es el Señor y Rey Jesucristo!

El apóstol Juan testificó de Jesucristo así: *"Y de Jesucristo el testigo fiel, el primogénito de los muertos, y el soberano de los reyes de la tierra. Al que nos amó, y nos lavó de nuestros pecados con su sangre, y nos hizo reyes y sacerdotes para Dios, su Padre; a Él sea gloria e imperio por los siglos de los siglos. Amén"* (Apocalipsis 1:5-6).

Sin lugar a duda, podemos apreciar con claridad que Jesucristo es el Señor y el Rey. Él es Adonai, el dueño de todo, Él es el rey del universo, a quien el Padre eterno dio toda autoridad en los cielos y en la tierra, como el Señor Jesucristo dijo y testificó: "Y Jesús se acercó y les habló diciendo: Toda potestad me es dada en el cielo y en la tierra" (Mateo 28:18).

6. El gobernante Poncio Pilato le percibió: *"Jesús, pues, estaba en pie delante del gobernador; y éste le preguntó, diciendo: ¿Eres tú el Rey de los*

judíos? Y Jesús le dijo: Tú lo dices" (Mateo 27:11).

Cuando Jesucristo fue arrestado, lo llevaron primeramente delante del sumo sacerdote y éste le hizo la misma pregunta, pero Jesucristo no le contestó; pero cuando estuvo delante de la autoridad representativa del Cesar, rey del imperio romano, entonces Jesucristo contestó: "Tú lo has dicho.", porque estaba hablando con otra autoridad real.

7. Los demonios le rogaron. *"Cuando llegó a la otra orilla, a la tierra de los gadarenos, vinieron a su encuentro dos endemoniados que salían de los sepulcros, feroces en gran manera, tanto que nadie podía pasar por aquel camino. Y clamaron diciendo: ¿Qué tienes con nosotros, Jesús, Hijo de Dios? ¿Has venido acá para atormentarnos antes de tiempo? Estaba paciendo lejos de ellos un hato de muchos cerdos. Y los demonios le rogaron diciendo: si nos echas fuera, permítenos ir a aquel hato de cerdos"* (Mateo 8:28-31).

En cada ejemplo descrito arriba, la interacción con Jesucristo fue en calidad de Señor y Rey. Jesucristo, Dios Hijo, vino como rey, habló como rey, actuó como rey, murió como rey y resucitó como rey. Yo sé que Jesucristo fue descrito como oveja, pero en referencia a su actitud de humildad, mansedumbre, y obediencia al Padre yendo a la cruz del calvario. En ningún lugar en la Santa Biblia, Jesucristo dijo de sí mismo: "Yo soy la oveja" o "Yo soy el cordero". El Señor Jesucristo dijo de sí mismo: "Yo soy la luz del mundo", "Yo soy la puerta", "Yo soy el pan de vida", "Yo soy el agua que salpica para vida eterna", "Yo soy la vid verdadera", "Yo soy el buen pastor", "Yo soy el camino, la verdad y la vida", "Yo soy la resurrección y la vida", "Yo soy en el Padre y el Padre en mí", "Yo soy el Alfa y la Omega", "El que es, que era, y el que ha de venir", "El Todopoderoso". Es por eso, que nuestra mentalidad acerca de cómo vemos al Señor Jesucristo tiene que ser renovada. Como identificamos a las personas hace la diferencia. A los ministros hoy día, se les identifica por su servicio a Dios y se les mira con agradecimiento. A los que salvan o rescatan a una persona o a una nación, se les reconoce por su labor heroica y se les mira con admiración. Pero, a los reyes se les reconoce por su autoridad y dominio, y se les respeta. De la forma en la cual nos identifiquemos con una persona, así nos relacionaremos con ella, y vamos a interactuar de maneras específicas según veamos a esa persona. Jesucristo es Dios Hijo. Él es el Rey que salva, restaura, sana, libera, intercede, da propósito, empodera, protege, cubre, suple, ministra y Él regresará. Él es un Rey justo, bueno, lleno de gracia y de verdad. Él es amor, Él es poderoso, Él peleó por ti y ganó.

Un cristiano con una mente renovada sobre quién es el Señor Jesucristo, le verá como Rey para siempre. Esto es clave, porque un rey no sugiere, solo decreta. Aquellos quienes no han recibido la revelación de esta gran verdad, lamentablemente solo mirarán a

Jesucristo como Salvador, pero no habrá sometimiento, solo agradecimiento. Mirarán a Jesucristo como el gran sumo sacerdote, y verán en Él a un intercesor, a un servidor, pero tampoco habrá sometimiento. Pero, si lo miran como Señor y Rey, entonces, en sus corazones habrá alineamiento y sometimiento. El fruto será una vida obediente, bajo la autoridad del Rey. Ellos mismos caminarán en la autoridad delegada del Rey, y con las llaves del reino de los cielos aquí en la tierra. ¡Es ahí cuando estaremos listos para recibir el reino!

El Rey está activo aquí en la tierra. En octubre del 2008, mi esposa y yo tuvimos la oportunidad de pasar una semana en Jerusalén durante el tiempo de la fiesta de las Trompetas. Fue impresionante ver a miles y miles de cristianos de casi todas las naciones del mundo, unirse con el pueblo israelita en Jerusalén para celebrar esta festividad que, para nosotros, representa la venida del Rey de reyes. En esos días, escuchamos a un pastor iraní compartir su experiencia de conversión cuando dio su vida a Jesucristo. Él compartió como Jesús se le apareció personalmente, y le dijo: "Yo soy Jesús a quien tu persigues". Y, como si eso fuera poco, ese pastor testificó que solo en el país de Irán en aquel tiempo (año 2008), el Señor Jesucristo se le había aparecido a más de 10 personas, quienes todos ahora están ¡ganando almas y pastoreando! Sí, el Señor Jesucristo está enfocado en extender Su reino aquí en la tierra.

Punto de acción:

Decide que desde este momento en adelante entras bajo la cobertura, la protección, la bendición y el respaldo de tu Rey Jesucristo. Entra bajo Su autoridad y decide caminar en obediencia para disfrutar los beneficios que el rey extiende a su reino.

CAPÍTULO 3

CONOCIENDO A SU REINO

Mientras estuvo en la tierra, el Rey Jesucristo se enfocó en predicar y enseñar centrándose en Su reino. Las sagradas escrituras nos muestran que Él comenzó su primera predicación diciendo, y parafraseo: "Cambiad vuestra forma de pensar, porque el reino de los cielos se ha acercado a vosotros" (Mateo 4:17). El Señor Jesucristo continuó predicando acerca de Su reino. En el sermón del monte: "Bienaventurados los pobres en espíritu, porque de ellos es el reino de los cielos" (Mateo 5:3). Fíjate en sus parábolas: "El reino de los cielos es semejante a…". Cuando el Señor Jesucristo resucitó, fue a sus discípulos y les ministró presencia y paz. Después continuó enseñándoles; ¿acerca de qué?, bueno ya sabes, del reino de Dios. "A quienes después de haber padecido, se presentó vivo con muchas pruebas indubitables, apareciéndoseles durante cuarenta días y hablándoles acerca del reino de Dios" (Hechos 1:3).

El Señor Jesucristo enseñó a los discípulos que en Su reino no hay enfermedad, no hay maldiciones, no hay corrupción. Cuando los discípulos le pidieron que les enseñara a orar, Jesucristo les dijo que oraran así: "Padre nuestro que estás en los cielos, santificado sea tu nombre. Venga tu reino. Hágase tu voluntad, como en el cielo, así también en la tierra". Esta es una oración pidiendo la acción del Padre aquí en la tierra. En la oración debemos pedir "venga tu reino y hágase tu voluntad (la que ha establecido en Su reino) en el cielo, así también en la tierra". Esto no se refiere a "aquel día", no; esto es una petición de intervención para hoy. Que el soberano Dios y Padre eterno establezca su dominio, su orden, sus leyes, su justicia, su paz, su protección y sus bendiciones; hoy y ahora. El reino de Dios es espiritual, está entre nosotros y en nosotros. Hemos sido llamados a pedirle que su reino se establezca aquí en la tierra.

Tal vez, a ti te enseñaron a que te prepararas para "un día" llegar al reino de los cielos y vivir con Dios en el cielo. Hay varios problemas con ese pensamiento: (1) El Señor Jesucristo dijo: "El reino de los cielos se ha acercado a vosotros". (2) El apóstol Juan en Apocalipsis 20:4, afirma que el Rey Jesucristo vendrá a reinar a esta tierra durante mil años, y con su pueblo. Y como si fuera poco, después de reinar durante mil años, el Rey hará una remodelación completa de su reino, pues escrito está que hará un cielo nuevo y una tierra nueva (Apocalipsis 21:1-5). Parece ser que el pueblo de Dios está enfocado en escapar de la tierra, pero el Señor Jesucristo está enfocado en terminar la obra que comenzó y reinar aquí en la tierra con su pueblo.

Su reino está aquí en nosotros y entre nosotros, pero no lo vemos, porque es espiritual, es invisible. Su reino está basado en la verdad y en la justicia. Las verdades son permanentes y la justicia mantiene el orden. La verdad no cambia. Las realidades de esta vida cambian constantemente. Hoy es una cosa y mañana es otra. Hoy dicen que esto es bueno y mañana deciden que es malo. Por eso, el reino de Dios es como una gran montaña inconmovible, porque está basado en la verdad. Su reino es espiritual y no tiene fin, y está compuesto por leyes espirituales que lo sostienen todo, las cuales se convierten en llaves para que sus hijos puedan disfrutar de la justicia y de la paz que ellas producen cuando las ponemos en práctica. Los principios de Dios son buenos. Ellos no deben confundirse con reglas o reglamentos creados por el hombre. ¿Te ha tocado alguna vez seguir reglas que no tienen ni sentido ni propósito? Reglas que te preguntas: ¿Cuál es el sentido de esto? Y nadie puede darte una razón o un propósito. Muchas veces son reglas recibidas por tradición, pero no son parte de los principios de Dios. ¡Estoy seguro de que has vivido esto! Por eso, algunos fuimos acusados de rebeldes simplemente por querer conocer el propósito de aquella regla fútil.

Una buena noticia del reino es: Dios es Dios de propósitos. Todo lo establecido por Dios es perfecto para nosotros y para la naturaleza. Las leyes de Dios nos dan orden, nos protegen, nos ayudan a ser eficaces, a disfrutar la vida, nos ayudan a tener una mayor longevidad, etc. Cuando yo pude entender estas verdades, pasé de ser del grupo que resiste las leyes, al grupo que obedece y ama las leyes de Dios.

Un reino abarca todo el terreno en el cual ese rey tiene dominio. Los reyes buscan mostrar su gloria, y la forma en que lo hacen es a través de la expansión de su voluntad, intención y cultura en nuevos territorios. A eso vino el Rey Jesucristo, a retomar y restablecer su reino aquí en la tierra. Si has recibido a Jesucristo como tu Señor y Rey, entonces el reino de los cielos está dentro de ti.

El reino de Dios es un reino de verdad o verdades eternas. Esas verdades del reino de Dios son reveladas en conocimiento. La palabra "luz" en el hebreo *"or"* es usada por los Israelitas cuando alguien recibe el conocimiento o entendimiento de algo. En algunos países de América Latina decimos: "Te amaneció la luz", eso es que simplemente entendió. De igual forma, cuando describen a alguien que ignora algo, los Israelitas dicen que el tal está en "oscuridad" sobre eso, que en el hebreo es *"choshek"*. El apóstol Pablo inspirado por el Espíritu Santo declaró: "Mas vosotros sois linaje escogido, real sacerdocio, nación santa, pueblo adquirido por Dios, para que anuncies las virtudes de aquel que os llamó de las tinieblas a su luz admirable" (1 Pedro 2:9). En este momento solo me enfocaré en este versículo, en la parte donde dice que fuimos llamados de las tinieblas (ignorancia), a su luz (conocimiento de la verdad) admirable.

Estas verdades eternas en el reino de Dios son leyes que funcionan todo el tiempo y para todas las personas. Por ejemplo, cuando el Señor Jesucristo dijo:

"Oísteis que fue dicho: No cometerás adulterio. Pero yo os digo que cualquiera que mira a una mujer para codiciarla, ya adulteró con ella en su corazón" (Mateo 5:27-28). El Rey está revelando una ley de Su reino, la cual quiere que sus hijos y ciudadanos del reino obedezcan aquí en la tierra. El resultado será un mundo mejor con menos maltrato a las mujeres, menos hijos fuera del matrimonio, corazones sanos, matrimonios sanos y firmes, hijos viendo el ejemplo correcto de sus padres, y la lista de frutos de justicia y de paz que produce un solo principio del reino de Dios aquí en la tierra. Es interminable. Como mencioné, las leyes y los principios de Dios son permanentes porque están basados en verdades eternas. Tú y yo no podemos quebrar esas leyes, pero esas leyes nos pueden quebrar a nosotros cuando las desobedecemos. Por eso, el Rey Jesucristo dijo: "Yo no he venido a juzgar", pues las mismas leyes espirituales, contienen en sí mismas la bendición para los que la obedecen y el juicio para los que la desobedecen.

El reino de Dios es una nación santa, es un gobierno de verdad y justicia. Tiene un ejército de ángeles. Es un reino superior a los reinos de esta tierra. Un reino tiene que ser gobernado, y aquí en la tierra, el Espíritu Santo es el gobernador en este tiempo. Un reino será desafiado y tiene que ser defendido. Por eso 2 Corintios 10:4 dice: "Porque las armas de nuestra milicia no son carnales, sino poderosas en Dios para la destrucción de fortalezas".

¿La destrucción de qué fortalezas? Las fortalezas en las mentes creadas por la cantidad de pensamientos errados y pervertidos, mentiras, sujeciones falsas; ataques del enemigo en el campo de la mente. Su reino es real y Su reino está aquí. Es necesario que abracemos el reino de Dios y Su gobierno, y aprendamos a vivir conforme a sus principios, porque solo así viviremos el destino de Dios para nosotros aquí en la tierra.

> *"Más buscad primeramente el reino de Dios y su justicia, y todas estas cosas os serán añadidas" (Mateo 6:33).*

Punto de acción:
Reconoce que el reino de Dios está en ti, y que Dios te llamó a vivir por Él y para manifestar la gloria de Él.

CAPÍTULO 4

YO SOY UN HIJO DE DIOS

No hay posición más alta en el reino de nuestro Padre celestial que ser un hijo. Los hijos son familia. Los hijos son amados. Los hijos son protegidos. Los hijos son herederos. Una de las experiencias más maravillosas e importantes de tu caminar en Cristo es cuando recibes la revelación que, en el Señor Jesucristo, eres un hijo legítimo; aceptado, amado y justificado. Cuando recibiste a Jesucristo como tu Señor y Salvador, recibiste también al Padre eterno, a una familia espiritual y a un reino que no tiene fin. Eres ciudadano del reino de los cielos y eres un hijo legal con todos los derechos y beneficios del gobierno del cielo, cuyo emperador es tu Padre eterno.

Autorizado con el poder legal de hijo de Dios

> "Aquella luz verdadera que alumbra a todo hombre, venía a este mundo. En el mundo estaba, y el mundo por él fue hecho; pero el mundo no le conoció. A los suyos vino, y los suyos no le recibieron. Más a todos los que le recibieron, a los que creen en su nombre, les dio potestad de ser hechos hijos de Dios; los cuales no son engendrados de sangre, ni de

voluntad de carne, ni de voluntad de varón, sino de Dios" (Juan 1:9-13).

El apóstol Juan, inspirado por el Espíritu Santo, utilizó términos legales describiendo lo que sucede cuando alguien cree y recibe al Señor Jesucristo. Dice: "A todos los que le recibieron, a los que creen en su nombre, les dio potestad", que en el lenguaje original es *"exousian"*; un término legal de gobierno, que significa: autoridad legal, derecho, dominio, poder para actuar en representación de otro. El apóstol Juan también declaró que lo sucedido, no es el resultado de un nacimiento natural, sino por la obra de Dios (Espíritu Santo) en nosotros. Cuando recibimos al Señor Jesucristo, recibimos una paternidad, un nombre (apellido), que viene como resultado de un nacimiento espiritual que sucedió en nuestro espíritu.

Cuando un bebé nace, ese bebé salió del mundo en el cual estaba (en el vientre de su madre). Ahí, el bebé estaba limitado en espacio y estaba en un lugar oscuro. Cuando sale al mundo del vientre de su madre, inmediatamente entra en un nuevo mundo más amplio, una nueva atmósfera. Nosotros decimos que el bebé "nació", pero en realidad el bebé ya existía, él solo "salió" de un mundo y entró a otro. Una vez que el bebé entra en este nuevo mundo hay que registrarlo para que tenga el nombre (apellidos) de sus padres, y tenga todos sus derechos legales que brinda la nación en la cual nació. Así sucedió contigo cuando recibiste a Jesucristo. Recibiste Su nombre (apellido), y el Espíritu Santo vino, regeneró tu espíritu (te conectó a la fuente de la vida, que es Dios), y te sacó de un mundo oscuro espiritual, transfiriéndote al nuevo mundo del reino eterno de la luz. La sagrada escritura compartida anteriormente dice que cuando esto sucedió, inmediatamente te registraron, imprimieron tu certificado de nacimiento con todos los derechos legales y todos los poderes de un hijo de la nación santa: El reino de los cielos. Cuando los ángeles te miran, ellos ven a un príncipe del reino. Cuando los demonios te miran, ven a un hijo a quien el Señor Jesucristo le otorgó un poder legal para ejercer el dominio de un hijo de Dios. Recientemente, yo vendí una casa, pero yo no estaba seguro si estaría presente para firmar los documentos legales de la transacción, así que fui a un abogado y me preparó un poder legal *"exousian"*, para que mi hija firmara en mi nombre. El abogado me preguntó: ¿Usted quiere darle un poder específico limitado o un poder general durable? Él poder específico es solo para ese tipo de transacción y para una sola vez. Pero el poder general es para que firme todo en mi nombre, como si yo mismo estuviera presente, y es permanente. Le dije al abogado: Ella es mi hija, por tanto, hágalo general y durable, para que me represente en cualquier momento y en todo lugar. Así es Dios con nosotros sus hijos. Hemos nacido al reino celestial, somos hijos legítimos, y se nos confirió un poder legal *"exousian"* para ejercer los derechos y la autoridad de hijos de Dios aquí en la tierra. Se nos ha dado la potestad de declarar las palabras de Dios, hacer las obras de Dios y cumplir el propósito de Dios, como si fuera Jesucristo mismo quien lo estuviera haciendo.

Una nueva naturaleza, un nuevo linaje

> *"De modo que si alguno está en Cristo, nueva criatura es; las cosas viejas pasaron; he aquí todas son hechas nuevas"* (2 Corintios 5:17).

Este versículo nos revela que en Cristo ya recibimos una nueva naturaleza y un nuevo linaje. La identidad de hijos es una cosa, pero la naturaleza y el linaje, son otras. Vayamos al comienzo en Génesis. Cuando Dios creó al hombre y le puso por nombre Adán, Dios estaba nombrando toda la especie de seres humanos que hizo conforme a su imagen y semejanza. Dios puso dentro de Adán a toda la raza humana. Dios jamás regresó a la tierra para formar a otro ser humano, por eso cuando Dios creó a Eva, Dios la sacó de Adán; pues en Adán estaba toda la humanidad, o todo el género. Cuando Eva y Adán pusieron su confianza en las palabras de la serpiente y desobedecieron a Dios, Él le preguntó solo a Adán: "¿Qué has hecho?" Tú sabes que nuestro Padre celestial es muy paciente, pero en ese momento le reclamó solo a Adán. Pues si Eva hubiese pecado sola, entonces ella sola hubiese sufrido la consecuencia, pero como pecó Adán, entonces toda la raza humana pecó porque estábamos dentro de él. Cuando Adán pecó, todo cambió. Adán estaba conectado relacionalmente con Dios (la fuente de vida eterna) pero esa conexión se rompió, y Adán experimentó la muerte espiritual que es el resultado de la separación de la fuente de vida.

Cuando cortas una rama de un árbol, sabes que es cuestión de tiempo hasta que la rama muere. La desobediencia causó que la naturaleza de Adán cambiara. Ya no era aquel ser creado a la imagen y semejanza de Dios. Ahora solo cargaba la imagen, pero no la semejanza, (el carácter) de Dios. Su naturaleza había cambiado. También su linaje cambió. Ya su línea de ascendencia no era el Señor, pues Adán había declarado su independencia de la paternidad y la ciudadanía que Dios le brindó. Tú y yo antes de recibir a Jesucristo, cargábamos con la naturaleza de Adán y nuestro linaje era el adámico. Éramos por naturaleza rebeldes, pero ahora escrito está: "Si alguno está en Cristo nueva criatura es".

Cuando recibimos al Señor Jesucristo, fuimos engendrados (Juan 1:13) por el Espíritu Santo. Engendrar es dar vida a un nuevo ser. Dios transforma nuestro ser cuando el Espíritu Santo nos reconecta con el progenitor original (Jesucristo), de donde Adán había salido en primer lugar, para que ahora en Cristo podamos tener la naturaleza de Dios. Ahora tú estás unido (conectado) al Señor Jesucristo y tu linaje (línea ascendente) es directamente de Jesucristo.

Ahora dentro de ti está la naturaleza de Dios. Ahora quieres adorar, quieres hacer lo correcto. Está en ti el vencer, el crear, el producir, el ejercer dominio. Aunque hayas vivido situaciones muy difíciles que quieren hacerte sentir que todavía cargas con la naturaleza de Adán, notarás que siempre te hallarás regresando al sentir de Cristo, a la mente de Cristo; porque estás en Cristo.

Hay un espíritu de fe en ti que, aunque lo has tratado de callar de vez en cuando, él vuelve a rugir buscando manifestarse. Es tu nueva identidad, porque eres como Jesús, estás creciendo, estás madurando, y la naturaleza de Jesucristo se manifestará en ti, si permaneces en Cristo.

Observa las palabras del Señor Jesucristo:

> *"Yo en ellos, y tú en mí, para que sean perfectos en unidad, para que el mundo conozca que tú me enviaste, y que los has amado a ellos como también a mí me has amado"* (Juan 17:23).

Aquí vemos la conexión, el Señor dijo: "Yo en ellos y tú en mi", conectados a Cristo, ahora con Su naturaleza. Ahora por naturaleza somos hijos del reino de los cielos, somos hijos del Padre celestial. Ahora por la naturaleza nueva, somos valientes y obedientes, con la inclinación de hacer lo correcto. Ya no somos "pecadores arrepentidos", sino que hemos nacido al reino de Dios. Estamos unido al Señor Jesucristo, y tenemos Su naturaleza dentro de nuestro espíritu. Ahora somos el linaje de Jesucristo. Ahora somos de Linaje Real. Sí, leíste bien, cuando dije "ahora". No es en "aquel día", sino ahora. Mira lo que dijo el Señor Jesucristo:

"Ahora es el juicio de este mundo; ahora el príncipe de este mundo será echado fuera. Y yo, si fuere levantado de la tierra, a todos atraeré a mí mismo. Y decía esto dando a entender de qué muerte iba a morir" (Juan 12:31-33).

El Señor dio a entender lo siguiente: "Ahora que voy a la cruz del calvario para pagar el precio de la transgresión y los pecados de todo el género humano, el cual yo estoy representando, retomaré la autoridad que Adán le cedió a la serpiente antigua, y el enemigo será desplazado de esa silla de autoridad legal en la tierra. Esto sucederá cuando yo sea levantado de la tierra (crucificado en un madero), y todos los que levanten su mirada a mí en fe y me reciban, yo los atraeré (los conectaré) a mí mismo". De modo que, "si alguno está en Cristo, nueva criatura es; las cosas viejas pasaron; he aquí todas son hechas nuevas".

Solo podremos vivir de acuerdo con el concepto que tengamos de nosotros mismos y no más allá. ¡Llegó el tiempo de manifestar tu nueva identidad y naturaleza!

Punto de acción:

Oración: Dale gracias a Dios por tu identidad de hijo, tu nueva naturaleza como la de Cristo, y tu nuevo linaje: Yo soy de linaje real. Toma la carta del poder que el Señor te dio para funcionar y actuar en su nombre, como si fuera el Señor mismo quien lo estuviera haciendo.

Punto de acción:

Declara - yo sé quién soy, yo soy un hijo de Dios, soy como mi Señor Jesucristo, y continúo haciendo las obras que Él hizo aquí en la tierra en su nombre.

CAPÍTULO 5

¿PARA QUÉ ESTOY AQUÍ?

Regresemos al comienzo, cuando Dios creó al hombre (Génesis 1:27-28). "Y creó Dios al hombre a su imagen, a imagen de Dios lo creó; varón y hembra los creó. Y los bendijo Dios, y les dijo: Fructificad y multiplicaos; llenad la tierra, y sojuzgadla, y señoread en los peces del mar, en las aves de los cielos, y en todas las bestias que se mueven sobre la tierra". Dios nos creó a Su imagen y semejanza, nos bendijo y nos dio la capacidad para producir y para ejercer dominio.

Dios nos sacó de la eternidad y nos estableció en la dimensión del tiempo, para producir el propósito que Él instituyó desde el principio para la gloria de Él. Nuestro fruto está ligado a nuestros dones. Dios nos llamó a usar nuestros dones para dar mucho fruto. Por diseño de Dios, hemos recibido la capacidad de gobernar y ejercer autoridad para traer orden y bendición en esta tierra; sin embargo, millones de personas siendo la corona de su creación, no están viviendo el propósito de Dios. Viven bajo la opresión del enemigo que los domina hasta con una hoja, o con una fruta. Me explico; una hoja de tabaco controla las mentes de millones llevándolos a la enfermedad y a la muerte. Con una hoja de cocaína ata sus mentes y destruye sus vidas. Con el fruto de frutas fermentadas controla sus pensamientos y emociones, alcoholizándolos y enfermando sus órganos, así les roba sus recursos financieros y su futuro. Que tragedia cuando las personas desconocen al Señor Jesucristo, su reino, y el propósito para sus vidas.

Dios ya puso su propósito en ti

Cuando Dios te creó en Su espíritu, antes de que fueses formado en el vientre de tu mamá, Él puso Su propósito en tu vida, para después hacerte el llamado o llamar a la luz lo que ya estaba en ti.

> *"Antes que te formase en el vientre te conocí, y antes que nacieses te santifiqué, te di por profeta a las naciones"* (Jeremías 1:5).

Dios le habló al profeta Jeremías cuando era un muchacho. Parafraseando le dijo: "Hijo, tú no sabes para que te envié a esta tierra, pero antes de formarte de materiales que contribuyeron tus padres para concebirte, ya te conocía porque yo te creé. Yo puse en ti un propósito, una asignación y un destino". Jeremías respondió como todos respondemos cuando descubrimos el gran propósito de Dios para nuestras vidas: "No, Señor, te equivocaste, yo no estoy calificado para tan grande asignación. Yo no soy la clase de persona que pueda lograr eso". La respuesta de Dios sigue siendo la misma que le dio a Moisés, a José (hijo de Jacob), a María (madre de Jesús): "Yo Soy el Gran Yo Soy. Lo harás porque yo te envío y yo estaré contigo".

Pídele al Espíritu Santo que te revele Su propósito para ti en esta tierra y Él lo hará. Usará varios canales y te lo dará a conocer repetidas veces hasta que tú lo captures. Dile: "Espíritu Santo, dame discernimiento para escuchar Tu voz."

El propósito de Dios para nosotros es de usar el don recibido para: (1) Restaurar (2) Edificar (3) Producir (4) Administrar (5) Manifestar su Gloria.

1. **Restaurar**. Dios nos ha llamado a restaurar todas las cosas al orden original de Dios. Nos ha llamado a reconciliar a las personas con Él, y nos ha dado el ministerio de la reconciliación.

   "Y todo esto proviene de Dios, quien nos reconcilió consigo mismo por Cristo, y nos dio el ministerio de la reconciliación" (2 Corintios 5:18).

2. **Edificar**. Dios nos ha llamado a edificar vidas, familias, comunidades, negocios, gobiernos y naciones; con los principios del reino de Dios. Esto envuelve todas las áreas de influencia en esta sociedad, como los hogares, comunidades de fe, la educación, el gobierno, el mundo empresarial, los medios, las artes, etc.

   "Reedificarán las ruinas antiguas, y levantarán los asolamientos primeros, y restaurarán las ciudades

arruinadas, los escombros de muchas
generaciones" (Isaías 61:4).

3. **Producir**. Dios nos ha llamado a producir la visión de Él aquí en la tierra. Nos llamó a producir el fruto de los dones que Él depositó en nosotros para bendición de muchos. Tal vez haya ministerios dentro de ti, y si tú no los produces, muchas personas serán privadas de conocer a Dios. Tal vez hay negocios en ti que van a proveer trabajos y sustentos a muchas familias. Tal vez haya invenciones en ti que, si no las produces, no podremos tener una mejor calidad de vida. Dios ha puesto propósito en ti para que lo produzcas.

> *"No me elegisteis vosotros a mí, sino que yo os elegí a vosotros, y os he puesto para que vayáis y llevéis fruto, y vuestro fruto permanezca; para que todo lo que pidiereis al Padre en mi nombre, Él os lo dé"* (Juan 15:16).

4. **Administrar**. Todo lo que hemos recibido de Dios, tanto espiritual como material, tenemos que administrarlo bien. Solo así las cosas se sostienen por la buena administración. Si hemos entendido que pertenecemos a un reino y que tenemos un rey, entonces sabremos que todo le pertenece al Rey, y sabremos que Dios nos confía sus recursos espirituales y materiales para cumplir su propósito y para nuestra

bendición, pero tendremos que dar cuentas porque todo fue creado por Él y para Él.

"Cada uno según el don que ha recibido, minístrelo a los otros, como buenos administradores de la multiforme gracia de Dios" (1 Pedro 4:10).

5. **Manifestar su Gloria.** El diseño de Dios es que, a través de nuestras vidas, las personas vean que Él vive y reina. Que Él es bueno, justo, y no hay otro como Él. La intención del Rey es que su naturaleza sea mostrada a través de cada uno de nosotros. Que las personas vean que Él es Dios de toda verdad, de justicia, de amor y de segundas oportunidades. Dios ha decidido que seamos un testimonio vivo de quien es Él. Dios te escogió para producir algo que será de bendición a muchos y de bendición para ti.

El propósito de Dios para con nuestras vidas es grande. Somos la obra maestra de Dios y Él nos hizo para buenas obras. El reino está en ti y en mí. El don está en nosotros. Hoy te digo que hay gran potencial en ti. Hay mucho que hacer. Este es tu tiempo. ¡Adelante!

Oración: *Padre Santo, creo y recibo por fe tu propósito para mi vida. Espíritu Santo, ayúdame a discernirlo para desarrollarlo y usarlo para Tu gloria.*

Punto de acción:

Levántate a restaurar, a edificar, a producir, a administrar y a manifestar Su gloria con el don que Dios te ha confiado.

CAPÍTULO 6

¡ACTIVA TU PROPÓSITO!

En el primer capítulo de este libro compartí la verdad de que Dios nos escogió desde el principio del mundo (Efesios 1:4). Ese contexto continúa hasta llevarnos a esta verdad:

> *"Porque somos hechura suya, creados en Cristo Jesús para buenas obras, las cuales Dios preparó de antemano para que anduviésemos en ellas"* (Efesios 2:10).

Claramente hay un propósito por el cual Dios te envió a vivir en esta tierra, en este tiempo de la historia. Tu propósito está entrelazado con los dones que Dios ha puesto en ti. Todos recibimos dones de Dios, tal vez tú ya los conozcas, o tal vez tengas que descubrirlos. Tus dones tienen que ser identificados y desarrollados, porque con ellos vivirás el propósito de Dios, con ellos bendecirás a muchos, y con ellos prosperarás.

Tu don es como una especie de semilla que hay en ti. Cuando un árbol está creciendo, a veces no podemos diferenciar que "don" carga, pero cuando se desarrolla y llega el tiempo de fructificar, ese árbol produce su don en multiplicadas veces y todos podemos apreciar que "don" cargaba: "Es árbol de mangó.", ¡y lo disfrutamos! Todos hemos sido "plantados" o conectados a la tierra del reino de Dios en el espíritu, por eso todos somos árboles destinados a producir un fruto de justicia. "... Y serán llamados árboles de justicia, plantío de Jehová, para gloria suya" (Isaías 61:3).

Los que identifican su don y se esfuerzan por desarrollarlo sobresaldrán, porque es propósito de Dios que sean luz en este mundo, que sean cabeza y no cola. El poder para prosperar está ligado a tu don, y tu don está ligado a tu propósito divino.

¿Cómo vivimos el propósito de Dios?

Te presento algunos principios del reino de Dios. Estos principios yo los he vivido y comprobado, los he estudiado, y los he visto en otras personas. Ellos funcionan todo el tiempo, con todas las personas, y en todos los lugares.

1. **Adoración diaria**. En el reino de Dios, todo comienza con la adoración al Padre eterno y al Rey Jesucristo. Algunas personas piensan que lo primero es la oración y por eso hacen oraciones rápidas todos los días antes de ir a sus trabajos, pero logran muy poco. ¿Por qué? Porque la oración no es la llave de entrada al trono de la gracia; lo es la adoración. La oración no garantiza alineamiento, la adoración sincera, en espíritu y en verdad, siempre produce

alineamiento. La adoración mueve al Rey a sentarse en Su trono, a recibir esas alabanzas y a hacer sus decretos en donde Él nos revela su intención, visión y voluntad para nosotros en ese día en particular, o para todo el año; nos revela su voluntad para un pueblo, un gobierno, una nación, para la atmósfera, etc.

Mi experiencia ha sido que Dios siempre manifiesta su intención y voluntad después de una verdadera adoración. Sucede a nivel personal, en los hogares, y a nivel corporativo. Como pueblo, cuando nos reunimos a adorarle, si lo hacemos en espíritu y en verdad, Dios siempre hablará para que tomemos Su palabra, la establezcamos en nuestras vidas, la desatemos en la atmósfera, y la pongamos por obra. Tal vez, muchos hagan lo que tú haces, pero si la presencia de Dios te ministra, unge y dirige, no tienes competencia. Tu propósito se activa cuando adoras a Dios.

2. **Escuchando a Dios**. La adoración nos mueve a escuchar a Dios y a hablar con Dios. Cuando yo oro (hablo con Dios), trato de hablar poco y escuchar mucho. Al principio de mi caminar con Cristo yo hacía muchas peticiones, terminaba de hablar, me levantaba, y me salía de su santa presencia. Yo pensaba que estaba orando, pero era solo un monólogo a la ligera. No le daba la oportunidad a la persona más sabia del universo para que hablara e hiciera depósitos de Su verdad en mi ser. Después leí las palabras

del Señor Jesucristo en Mateo 6, y éstas cambiaron mi forma de orar. Dice: "*Orando, no uséis vanas repeticiones, como los gentiles, que piensan que por su palabrería serán oídos. No os hagáis, pues, semejantes a ellos; porque vuestro Padre sabe de qué cosas tenéis necesidad, antes que vosotros le pidáis… No os afanéis, pues, diciendo: ¿Qué comeremos, o qué beberemos, o qué vestiremos? Porque los gentiles buscan todas estas cosas; pero vuestro Padre celestial sabe que tenéis necesidad de todas estas cosas. Más buscad primeramente el reino de Dios y su justicia, y todas estas cosas os serán añadidas*" (Mateo 6:7-8,31-33).

Algunas palabras saltaron de la página: "*palabrería*" entonces decidí hablar menos y escuchar más. "Vuestro Padre sabe de qué cosas tenéis necesidad… los gentiles buscan todas estas cosas". Entonces decidí pedir menos, y preguntar más, "más busca primeramente el reino de Dios y su justicia". Entonces ahora busco los principios del reino porque ellos siempre funcionan. Si le das un pescado a un hambriento, al siguiente día regresará con hambre. Pero si le enseñas a pescar, ya no tendrá que afanarse acerca de que va a comer. Así son los principios del reino que Dios nos revela.

Son llaves del reino que podemos usar una y otra vez, y siempre dan los mismos resultados. Yo entiendo que cuando intercedemos por algo o por otros, necesitamos declarar y decretar con mucha libertad, e invertir tiempo. Aquí no me refiero a la intercesión. Cuando estamos hablando (orando) con Dios, hablemos menos y escuchemos más, así sabremos que hacer bajo la dirección del Espíritu Santo. El Señor quiere hablarte cada día y en todo momento. Mantente pensando en Él, pues Él es tu Pastor y con Él nada te faltará (Salmo 23:1). Tu propósito se activa cuando escuchas a Dios.

3. **Arrepentimiento**. Arrepentirse es cambiar los pensamientos errados y tomar una nueva forma de pensar, de acuerdo con la sabiduría y la voluntad del Señor Dios. Tener una buena actitud hacia el cambio es clave. El Espíritu Santo nos enseñará continuamente la manera correcta y eso implica soltar y renunciar a lo incorrecto, una y otra vez. El arrepentimiento genuino, siempre trae rompimiento del estancamiento y nos mueve a avanzar. El arrepentimiento es la acción de alguien que recibió convicción acerca de algo. Sin convicción no hay arrepentimiento, y sin arrepentimiento no hay avivamiento. Grandes cambios son el resultado de grandes convicciones. El Señor Jesucristo continuamente decía "arrepentíos" pero el arrepentimiento no sucede al recibir información, sino que, al recibir una convicción

a través de la verdad, tu propósito se activa cuando recibes la convicción y haces el cambio.

4. **Declarando**. Nuestras palabras son poderosas. Ellas expresan las intenciones en nuestro corazón (en el subconsciente de la mente). Nuestras palabras son creativas. Cuando Dios creó los cielos y la tierra, Dios dijo: "Sea la luz, y fue la luz". Nuestras palabras cambian atmósferas. Tú puedes estar en una fiesta y si comienzas a expresarte de forma negativa, a quejarte, etc., tú puedes cambiar la atmósfera de esa fiesta en cuestión de minutos. Cuando estamos adorando a Dios corporativamente, solo se necesita que una persona abra su corazón y comience a declarar apasionadamente su adoración al Rey, y en cuestión de segundos la atmósfera cambiará, porque esa persona provocó un rompimiento. Las palabras son muy importantes. El Señor Jesucristo dijo que las palabras manifiestan lo que está en nuestro corazón, "De la abundancia del corazón habla la boca". ¿Qué propósito te ha mostrado Dios? Decláralo una y otra vez. Tus declaraciones son como agua vitaminada para las semillas de propósito en tu corazón.

En el libro de Apocalipsis, el apóstol Juan comparte una visión del futuro en donde un grupo de personas vencieron por la palabra del testimonio de ellos y por la sangre del Cordero (Apocalipsis 12:11). El apóstol

Pablo declaró en su segunda carta a los Corintios: "Pero teniendo el mismo espíritu de fe, conforme a lo que está escrito: Creí, por lo cual hablé, nosotros también creemos, por lo cual también hablamos" (2 Corintios 4:13). Ahí está el principio del reino de Dios: Los que creen, ¡declaran!

David venció al gigante Goliat antes de que la piedra le pegara en la frente. La victoria fue en el intercambio de palabras. Goliat había paralizado con sus palabras y amenazas al ejército Israelita durante cuarenta días. Cuando David se paró en la línea de combate, el gigante intentó intimidarlo, pero el joven David le dijo: "*Tu vienes contra mí con espada y jabalina, pero yo vengo contra ti en el nombre de Jehová*". David no se detuvo ahí; se movió en la fe de Dios e hizo un decreto: "Jehová te entregará hoy en mi mano, y yo te venceré, y te cortaré la cabeza, y daré hoy los cuerpos de los filisteos a las aves del cielo y a las bestias de la tierra; y toda la tierra sabrá que hay Dios en Israel" (1 Samuel 17:46). ¡Poderoso! Cuando declaras tu fe basada en las palabras de Dios, cosas sucederán. Tu propósito se activa declarando.

5. **Obedeciendo**. Todo el propósito de Dios que he logrado y cumplido ha sido el resultado de mi obediencia a Sus palabras. Siempre que le obedezco gano y siempre que le he desobedecido he tenido pérdidas. En cada área de mi vida la obediencia a Sus principios y a Su voz me ha dado la victoria, y he podido cumplir

Sus propósitos. Por lo importante que es obedecer y el gran impacto que tiene, me tomaré mi tiempo para compartir con vosotros algunos ejemplos:

i. ***En el ministerio****.* Cuando Dios me llamó a plantar la primera Iglesia latina en la ciudad de Lafayette, Luisiana, yo estaba pastoreando otra iglesia que Dios me permitió plantar. Acabábamos de entrar en la conquista de una propiedad en la carretera principal del pueblo. Finalmente teníamos un lugar para crecer y yo tenía mi propia oficina después de estar en un pequeño edificio de alquiler durante 5 años. Unos líderes que estuvieron pastoreando en Lafayette, me llamaron para que orara y les ayudara a encontrar quién continuaría la obra que ellos habían iniciado porque iban a jubilarse. Yo comencé a orar, y según pasaban los días, mi oración se intensificaba. Se convirtió en un clamor en el cual lloraba por las almas de la ciudad de Lafayette. Yo le decía, "Señor envía a alguien, no permitas que esas almas perezcan". En uno de esos clamores, Dios me contestó diciendo: "Tú irás". En ese momento mi clamor se detuvo y dije, "Un momento Señor, creo que no me escuchaste bien, yo te pedí que enviaras a alguien, a otra persona, no a mí". Entonces inicialmente no obedecí. Pasaron meses y recibí una invitación a predicar en la ciudad de Baton Rouge, Luisiana. La gloria de Dios se manifestó en aquel lugar. Al final de los anuncios, hicieron una invitación para aquellos que quisieran ir a la última reunión de cierre en Lafayette, pues los líderes que me habían llamado se iban a jubilar y cerrar la obra. Mi corazón se fue al suelo, sentí el temor de Dios. Yo sabía que ese era un momento de propósito y destino. Ese día decidí obedecer a Dios y dos meses después ya estaba reiniciando con un grupo de solo 13 personas, sin dinero, sin garantías, dejándolo todo. Mucho ha sucedido desde ese paso de obediencia, pero puedo resumir que planté la primera iglesia latina de esa ciudad, y de esa iglesia han salido personas que han plantado otras iglesias en la región, y el reino de Dios continúa avanzando y expandiéndose. Mi punto es, que un solo acto de obediencia puede bendecir a miles de personas e impactar ciudades y naciones. Activamos nuestro propósito cuando obedecemos a Dios.

ii. **En las finanzas**. Cuando encontré la propiedad que Dios nos permitió comprar en la ciudad de Leesville. Yo firmé un contrato de 30 días para hacer el cierre de la compra. Fui al banco y me dijeron que tenía que dar 17,000 dólares de depósito y lo demás seria financiado. Yo regresé a la iglesia, hablé con mi equipo de líderes. Solo contábamos con 4,000 dólares, así que empecé a orar para que Dios me diera una estrategia de cómo alcanzar la meta. Esa noche, había una actividad para recaudar fondos para las misiones de la organización en la cual yo estaba asociado. De camino al evento, escuché el susurro del Espíritu Santo que me dijo: "Dalo todo".

Mi primer pensamiento fue "esto no puede venir de Dios". Y nuevamente el Señor, con voz más aguda dijo, "Dalo todo". Yo sabía que se refería a los cuatro mil dólares que teníamos en la cuenta de la iglesia, porque en la mía había muy poco. Cuando llegué al evento, había como 50 pastores y líderes de iglesias. Busqué inmediatamente al director de misiones y compartí con él las buenas noticias, que nuestro ministerio daría hoy una ofrenda de $4,000 y le pedí que permitiera a las personas presentes que oraran por mí. El evento tomó su curso y ya estaba terminando, la gente ya se estaba yendo. Me acerqué al director y él me dio el micrófono. Les compartí brevemente a los presentes lo que había sucedido y de como Dios me había pedido que lo diera todo para las misiones, aunque necesitaba 17,000 dólares para cumplir con el contrato de compra de la propiedad de la iglesia. Así que les pedí que oraran por mí. Todos hicieron silencio, el director agarró el micrófono y dijo vamos a orar por el pastor Sidney, y cuando iba a iniciar la oración, un pastor anciano pidió el micrófono y dijo: ¿Cuántas veces tenemos la oportunidad de ver fe como la que cargó Josué y Caleb delante de nuestros ojos? Yo no solo voy a orar por este joven, yo daré los primeros mil dólares y ¿quién quiere voluntariamente dar a Jehová?" Las manos comenzaron a subir más rápido de lo que el director podía escribir sus nombres. En cinco minutos vi a Dios darnos una cosecha de 40,000 dólares por un acto de obediencia al Espíritu Santo. Activamos nuestro propósito cuando obedecemos a Dios.

iii. **En las relaciones.** En repetidas veces, cuando alguien viene con la actitud incorrecta, irrespetuosa y, en ocasiones arrogante, he tenido que obedecer al Señor Jesucristo mostrando paciencia, mansedumbre, dando perdón y recibiendo perdón en el amor de Cristo. Siempre que lo he hecho, ha habido ganancia; y cuando no lo he hecho, he experimentado pérdidas, y se entorpece el propósito de Dios. Cuando amo a mi esposa como el Señor lo ha mandado, las ganancias son grandes. Cuando no la amo como dicen las sagradas escrituras, siempre pierdo. Activamos nuestro propósito cuando obedecemos a Dios.

iv. **En nuestro negocio.** Recuerdo el día que estaba orando a Dios y le decía "Señor ayúdame a levantar este negocio una vez más". Yo había tenido éxito en una industria específica, pero el negocio se había desintegrado. Como a mí me gusta esa industria, yo quería resucitarla. En aquel momento, cuando le hice a Dios esa petición, escuché la voz sutil del Espíritu Santo en mi conciencia que me dijo: "Quiero que me rindas ese negocio". Yo sabía lo que eso significaba, el Señor me estaba pidiendo que renunciara a ese sueño. Así que con lágrimas en mis ojos le dije: "Sí Señor, aquí te lo entrego". Fue doloroso, pero tenía una paz interna porque conozco la naturaleza de mi Rey, que siempre que nos pide algo es para darnos algo mejor. Y así fue. Por ese acto de obediencia a Dios, Él nos permitió levantar el negocio de bienes raíces con el cual hemos ayudado de una forma mayor a la iglesia y a la expansión del reino de Dios. Activamos nuestro propósito cuando obedecemos a Dios.

v.   **Trabajando**. Después de que Dios creó al hombre y le reveló su propósito, lo puso en el huerto del Edén, para que lo labrara y lo cuidara (Génesis 2:15). Dios le dijo a Josué: "Solamente esfuérzate y sé muy valiente, para cuidar de hacer conforme a toda la ley que mi siervo Moisés te mandó; no te apartes de ella ni a diestra ni a siniestra, para que seas prosperado en todas las cosas que emprendas" (Josué 1:7). Tienes que ser emprendedor, tienes que trabajar, tienes que esforzarte, y tienes que ser valiente. No hay otra forma, es el diseño de Dios. Y si no estamos listos, entonces Dios nos llevará por el camino largo hasta que aprendamos a trabajar, a esforzarnos y a ser valientes. Trabajando activaremos el propósito de Dios en nuestra vida.

vi.   **Sirviendo.** Cumplimos nuestro propósito cuando servimos a Dios y a otros. Cuando sirves en la iglesia, tu crecimiento espiritual es acelerado. Cuando servimos a otros con nuestro don, estamos edificando a la creación de Dios. El ejemplo nos lo dio el Señor Jesucristo. "Vosotros me llamáis Maestro y Señor; y decís bien, porque lo soy. Pues si yo, el Señor y el Maestro, he lavado vuestros pies, vosotros también debéis lavaros los pies los unos a los otros. Porque ejemplo os he dado, para que como yo os he hecho, vosotros también hagáis" (Juan 13:13-15). Cuando tú ves a tu prójimo como gente valiosa y les sirves, el propósito de Dios se cumplirá en tu vida. Esta actitud humilde de servicio es la que nos mantiene inmune del virus del orgullo egocentrista. Nuestro servicio activará el propósito de Dios en nuestras vidas.

vii. **Protegiendo**. Como vimos en Génesis 2:15, Dios le pidió al hombre que guardase el jardín. Parte de nuestro propósito aquí en la tierra es proteger y cuidar nuestro hogar. Cuidar, guardar y proteger. Recuerdo que, cuando mi hija mayor (Sidmarie) cumplió 12 años, me senté con ella y le hablé de la importancia de esperar a la persona que Dios tenía para ella y caminar en pureza. Esa noche ella hizo un compromiso conmigo de no tener novio hasta los 16 años, y mantenerse virgen hasta el día de su boda. Cuando tenía 14 años llegó un joven a la iglesia que la enamoró. Yo expliqué al joven que mi hija era muy joven para tener novio, pero aquel joven insistía y la confundía. No paraba de llamarla y buscarla a todas horas. Fueron momentos difíciles para mí. Me tocó orar, clamar y sentarme con ella a platicar. Yo le recordaba a ella el pacto que habíamos hecho delante de Dios y le decía, "Hija, cumple tu parte. Si todavía tienes los mismos sentimientos por ese joven cuando cumplas los 16 años, yo aprobaré el noviazgo". Ella lloraba cada vez que hablábamos. Dios nos dio la victoria, en cuestión de unos meses. Aquel joven se fue y no regresó. Mi hija continúo sirviendo a Dios y esperó hasta el matrimonio para tener intimidad. Hoy continúa sirviendo a Dios como líder en nuestro ministerio junto a su esposo y me han dado dos nietos bellos.

El enemigo de nuestras almas es un ladrón y él robará todo lo que le permitamos. Tenemos que proteger lo que Dios nos ha confiado. A nivel comunitario y como iglesia tenemos que no solo proteger, pero también avanzar el reino de Dios aquí en la tierra. Así que es necesario que abraces el principio de la guerra espiritual, te entrenes para ser eficaz en guerra espiritual y te veas como parte del reino de Dios triunfante aquí en la tierra. Protegiendo activaremos el propósito de Dios.

Punto de acción:
Conviértete en un adorador que escucha a Dios. Arrepiéntete, declara Sus verdades, obedece, trabaja, sirve y protege.

CAPÍTULO 7

EL REY DAVID, UN PROTOTIPO DE LINAJE REAL

Cuando usamos el término *Linaje Real*, nos referimos a todo aquel que ha recibido a Jesucristo en fe como su Señor y Rey. Primera de Pedro 2:9 establece: "Mas vosotros sois linaje escogido, real sacerdocio, nación santa, pueblo adquirido por Dios, para que anunciéis las virtudes de aquel que os llamó de las tinieblas a su luz admirable". En este pasaje encontramos las tres oficinas que los profetas ungían, en el viejo pacto, de forma individual y separada: (1) Reyes "real", (2) Sacerdotes "sacerdocio", (3) Profeta "para que anuncies". Ahora en Jesucristo, quien es el Rey, el gran Sumo Sacerdote, y el Profeta del Padre; se nos ha dado Su naturaleza, y Él nos convirtió en real sacerdocio para que profeticemos sus virtudes y continuemos haciendo sus obras aquí en la tierra.

Miremos cómo el rey David capturó esta verdad y la puso en práctica mil años antes de que Jesucristo hiciera todas las cosas nuevas, redimiéndonos en la cruz y resucitando de entre los muertos.

David no era considerado por su padre ni por sus hermanos mayores, pero es quien Dios levantó para reinar sobre todo Israel, y se convirtió en el rey con el reino más grande de esa nación. ¿Cuáles fueron algunas de las cosas que hicieron a David un rey diferente y de tanto impacto? David fue mucho más que un rey. Su adoración a Dios y su relación con Dios lo llevaron a convertirse también en un profeta, a quien Dios le reveló la obra redentora que Cristo Jesús manifestaría mil años después en la cruz del calvario, y David lo profetizó escribiéndolo en el Salmo 22.

El rey David fue quien mandó a traer el arca del pacto a Jerusalén y la puso en una tienda de campaña, ya que aún no se había construido el templo (1 Crónicas 16). Mandó a llamar a levitas cantores, músicos y a sacerdotes, para que ministraran adoración al Señor Dios las 24 horas del día. Él mismo, también ministraba delante del arca en la presencia de Dios. David había roto todas las reglas y protocolos. En el viejo pacto (aquel tiempo), solo el sumo sacerdote podía entrar a donde estaba el arca del pacto de la presencia de Dios, y solo una vez al año para presentar la sangre del cordero que cubriría los pecados del pueblo, mientras que, como pueblo, esperaban la redención del Mesías prometido, quien removería los pecados del pueblo una vez y para siempre. Ese era el orden establecido, pero David se remontaba como con alas de águila en adoración y entraba en el espíritu a la dimensión de la eternidad en donde no hay ayer, ni mañana; solo un continuo ahora.

Fue allí en la dimensión del espíritu de la eternidad, donde él pudo ver al Señor Jesucristo colgado en un madero derramando su sangre para redención de la

humanidad, y la prueba de que David lo vio está en el
Salmo 22, en donde David lo describió. David vio al
Señor mil años antes redimiendo todas las cosas y
decidió tomar esa verdad eterna, moverse en fe y
colocar a músicos, cantores y sacerdotes para adorar
delante del arca en la presencia de Dios con libertad.
En el Antiguo Testamento, esa acción implicaba una
muerte segura.

Apocalipsis 13:8 habla del Cordero de Dios que fue
inmolado desde el principio del mundo; o sea, que ya
la obra redentora estaba hecha en la dimensión de la
eternidad en el espíritu. En Génesis 2:2, dice que Dios
creó todo y después descansó de su labor. Dios hizo
todo de principio a fin, y después regresó al comienzo,
y nos metió en la línea cronológica que llamamos el
tiempo, en donde hubo un ayer, hay hoy y habrá un
mañana.

David entendió lo que el Señor Jesucristo hizo en la
eternidad. Él comprendió la verdad en 2 Corintios 5:17,
que en Cristo somos nueva criatura y he aquí todas las
cosas son hechas nuevas. David entendió la verdad en
1 Pedro 2:9, que en Cristo somos linaje escogido, real
sacerdocio, nación santa, pueblo adquirido por Dios,
para que anunciéis las virtudes de aquel que os llamó
de las tinieblas a su luz admirable. Así que, aunque la
ley en aquel tiempo determinaba que solo los sumos
sacerdotes podían ministrar delante del arca, David
había hallado, en la dimensión de la eternidad, una ley

mayor que daba fin a la primera, la ley de la gracia en Cristo Jesús y el nuevo hombre en Cristo.

David, a través de su fe, decidió bajar esa verdad eterna a su tiempo cronológico y vivirla. Aquellos que entraron con David a ministrar a Dios en adoración donde estaba el arca, vieron y conocieron la presencia manifiesta de la gloria de Jehová. Lo que Dios había establecido desde la eternidad para que fuese revelado en el tiempo que vino Cristo, David lo vio en el espíritu en la dimensión de la eternidad y lo arrebató para vivirlo en su línea cronológica. ¡Poderoso!

Tú has sido bautizado con la unción de Cristo, sacude toda duda, desconéctate de ese linaje adámico, porque tu linaje y tu nueva naturaleza, vienen de arriba, del rey Jesucristo.

Entonces, cuando hablamos del término linaje real, nos referimos a una nación de hijos de la realeza de los cielos, constituidos sacerdotes bajo el orden de Melquisedec, y llamados a profetizar, representando el reino de Dios aquí en la tierra.

Quiero destacar algunos aspectos de estas cualidades:

1. **Realeza**. Las personas nacen en la familia real. No es algo que se gana. Simplemente eres hijo del rey del universo o no lo eres. Solo tú sabes si has nacido de nuevo en Cristo. Todos los hijos de Dios en Cristo Jesús son parte de la realeza

solo por ser parte de la familia. La misión de todo rey para sus hijos es formarlos para que ellos reinen con Él y después de Él. "Y nos hizo reyes y sacerdotes para Dios, su Padre; a Él sea gloria e imperio por los siglos de los siglos. Amén" (Apocalipsis 1:6).

2. **Sacerdotes**. Hemos sido establecidos sacerdotes, pero es un sacerdocio diferente al de Aarón. Los levitas fueron sacerdotes del linaje de Aarón, hermano de Moisés. Ellos tuvieron una misión, pero la nuestra es diferente. Nuestro Señor Jesucristo viene del linaje de la Tribu de Judá que significa "Alabanza", con una asignación de adorar a Dios y provocar la presencia manifiesta de Jehová. Judá era la tribu asignada a ir primero cuando marchaba el pueblo de Dios. Entonces, ¿cuál sacerdocio es el de Jesucristo? Hebreos 5, establece que Dios declaró a Jesucristo sacerdote para siempre según el orden de Melquisedec (Hebreos 5:6-10). Melquisedec, que significa Rey-Sacerdote en hebreo: "Malkiy-tsedeq", aparece por primera vez en Génesis 14:18 bendiciendo al patriarca Abraham. Una vez más, encontramos la gran importancia de conocer nuestra identidad en Cristo.

Nuestro sacerdocio se ejerce de una plataforma de autoridad como realeza, trayendo sacrificios de adoración con la unción de rompimiento de Judá.

3. **Unción Profética**. "Seguid el amor; y procurad los dones espirituales, pero sobre todo que profeticéis" (1 Corintios 14:1). La expectativa del Espíritu Santo es que todo el cuerpo de Cristo profetice. Es la voluntad del rey Jesucristo que hagamos las mismas obras que Él hizo y aún mayores.

David y su equipo ministerial, caminaron en fe y se movieron en una revelación preparada para mil años después. Por eso, el rey David es el prototipo del linaje escogido, de linaje real. Ahora es tu turno. Ha llegado el tiempo de tu revelación. Tú naciste en el reino de Dios con una unción regia, con una unción de adoración para rompimiento, y con una unción profética. Toma tu lugar en el reino. Úsala para la gloria de Dios. ¡Es tiempo de vivir el diseño de Dios para tu vida!

Punto de acción:
Me levanto con la revelación de mi identidad en Cristo y la unción de adoración. Seré parte de la generación que restaurará el tabernáculo de David aquí en la tierra.

CAPÍTULO 8

ENTRENADO PARA REINAR

Recuerdo que una vez leí acerca de la disciplina que recibió un príncipe con apenas 8 años de edad en el palacio de un reino europeo. Aún después de haber sido amonestado por su maestro varias veces por no obedecer, el príncipe insistió en continuar sus actos de desobediencia; así que, su maestro decidió aplicar la disciplina. El maestro mandó a buscar a la niñera que había cuidado al príncipe desde su nacimiento, y en presencia del niño príncipe, le quitaron a la niñera la camisa y la azotaron en la espalda repetidas veces. El pequeño príncipe lloraba y gritaba pidiendo que detuvieran el castigo, pero ya era tarde. Después de presenciar tan doloroso acto, el príncipe le reclamó al maestro: "¿Por qué lo hiciste?" El maestro contestó al niño: "Mi señor, a los reyes se les confía la autoridad para tomar decisiones que afectan a todo el reino y a todas las personas que son parte de éste."

Tus decisiones afectarán siempre a muchos, para bien o para mal, y aún más a tus seres queridos. Por eso, un rey debe actuar siempre con prudencia, sabiduría y hacer lo correcto, por encima de sus deseos egocéntricos. ¡Qué enseñanza!

La verdad es que a ti y a mí, se nos ha dado el derecho de ser llamados hijos de Dios con una asignación y con un propósito en esta tierra. Tenemos como destino en Cristo ser bendecidos y ser de bendición, pero tenemos que ser entrenados y probados para ser levantados y promovidos.

El rey David fue entrenado en lo poco porque tenía destino de reinar sobre mucho. Cuando el joven David fue ungido para ser el próximo rey de Israel, tenía alrededor de 13 años. ¿Qué sucedió después de ese gran ungimiento y descubrimiento de su propósito? Regresó a cuidar las pocas ovejas de su padre en el campo. ¿Pero qué sucedió ahí? David necesitaba ser entrenado en la fe, en su don, en carácter e integridad. Necesitaba crecer su confianza en la fidelidad de Dios. Necesitaba desarrollar confianza en sus dones. Necesitaba aprender a enfrentar enemigos y a cuidar lo que su padre le había confiado. Necesitaba desarrollar valentía. Necesitaba entrenamiento para reinar, y así sucedió:

> *"Y dijo David a Saúl: No desmaye el corazón de ninguno a causa de él; tu siervo irá y peleará contra este filisteo. Dijo Saúl a David: No podrás tú ir contra aquel filisteo, para pelear con él; porque tú eres muchacho, y él un hombre de guerra desde su juventud. David respondió a Saúl: Tu siervo era pastor de las ovejas de su padre; y cuando venía un león, o un*

oso, y tomaba algún cordero de la manada, salía yo tras él, y lo hería, y lo libraba de su boca; y si se levantaba contra mí, yo le echaba mano de la quijada, y lo hería y lo mataba. Fuese león, fuese oso, tu siervo lo mataba; y este filisteo incircunciso será como uno de ellos, porque ha provocado al ejército del Dios viviente. Añadió David: Jehová, que me ha librado de las garras del león y de las garras del oso, Él también me librará de la mano de este filisteo. Y dijo Saúl a David: Ve, y Jehová esté contigo" (1 Samuel 17:32-37).

David fue entrenado sirviendo a su padre.

Este es un principio del reino. Si tú tienes un padre que está viviendo el propósito de Dios, ve y sírvelo. Observa, aprende, haz preguntas, imítalo. Si no tuviste o no tienes un padre que te sea de ejemplo y admiración, pídele al Espíritu Santo que te dé la gracia delante de un padre, un líder, alguien que esté viviendo el propósito de Dios, y el Señor te la dará. Yo le pedí a Dios durante años que me diera un mentor, un líder ejemplar. Al principio parecía como si Dios no me estuviera abriendo puertas; pero después, Dios comenzó a poner a mí alrededor hombres de gran fe, personas admirables y dignas de imitar.

David fue entrenado en valentía.

Tener que enfrentar al oso y al león para defender las ovejas de su padre, le desarrollaron valentía y la confianza en Dios. El resultado fue que le cortó la cabeza al gigante, y le solucionó el problema más grande que tenía la persona de mayor influencia en todo el país. Después de ese momento todo cambió para David. Dios lo hizo famoso. Yo creo firmemente que, si nosotros nos preparamos, Dios nos dará oportunidades para darnos renombre. Es parte del pacto que Dios hizo con Abraham, y a través del cual, nosotros tenemos acceso por Cristo.

> *"Y haré de ti una nación grande, y te bendeciré, y engrandeceré tu nombre, y serás bendición"* (Génesis 12:2).

> *"Y si vosotros sois de Cristo, ciertamente linaje de Abraham sois, y herederos según la promesa"* (Gálatas 3:29).

David fue entrenado en excelencia.

Cuando el rey Saúl estaba siendo atormentado por demonios, David fue llamado para tocar un instrumento y adorar a Dios delante del rey Saúl para ministrarle la paz de Dios. Cuando se presentó la oportunidad, la gente ya sabía que David era excelente tocando el instrumento y que Dios estaba con él. Por eso, es necesario que te entrenes en tu don para que Dios te dé a conocer; es el destino de Dios para ti.

"Diga, pues, nuestro señor a tus siervos que están delante de ti, que busquen a alguno que sepa tocar el arpa, para que cuando esté sobre ti el espíritu malo de parte de Dios, él toque con su mano, y tengas alivio. Y Saúl respondió a sus criados: Buscadme, pues, ahora alguno que toque bien, y traédmelo. Entonces uno de los criados respondió diciendo: He aquí yo he visto a un hijo de Isaí de Belén, que sabe tocar, y es valiente y vigoroso y hombre de guerra, prudente en sus palabras, y hermoso, y Jehová está con él" (1 Samuel 16:16-18).

David fue entrenado en honra.

Más tarde, cuando Saúl se dio cuenta de que el pueblo quería más a David que a él, Saúl comenzó a perseguirlo y se convirtió en una persecución de años, causando que David viviera en tristeza y en escasez. Pero David tuvo la oportunidad en la cual pudo haber terminado aquella persecución; matando a Saúl. Sus compañeros le decían: "Jehová Dios te lo ha entregado en tus manos", pero David declaró: "Dios me libre de tocar al ungido de Dios". Eso es honra, integridad y temor de Dios. Sin lugar a dudas, tú encontrarás personas a las cuales les harás un bien y ellas te pagarán con mal. Tú siempre tendrás razones para reaccionar de la misma forma que te trataron, "ojo por ojo, y diente por diente". Pero ese no es el carácter del Señor Jesucristo. Dios quiere que aprendamos a actuar conforme a los valores que hemos recibido de Él. Otros son desagradecidos, pero tu sigue siendo agradecido. Otros pagan mal por bien; pero tú sigue haciendo el bien, porque esa clase de persona es quien tu eres en Cristo; un hijo del Altísimo. En el entrenamiento para reinar, la integridad es un requisito. Que seas lo que dices y hagas lo que dices, sin importar lo que otros digan o hagan.

"Amad, pues, a vuestros enemigos, y haced bien, y prestad, no esperando de ello nada; y será vuestro galardón grande, y seréis hijos del Altísimo; porque Él es benigno para con los ingratos y malos" **(Lucas 6:35)**.

David fue entrenado poco a poco; paso a paso.

Habían pasado alrededor de 12 años, desde que el joven David había sido ungido para ser rey. Entonces, llegó el momento en el cual David empezó a reinar; pero solo sobre el territorio de Judá. Allí estuvo dando lo mejor de él durante 5 años más, aunque su destino profético era reinar sobre todo Israel. Entonces, cuando tuvo alrededor de 30 años, fue cuando los ancianos de Israel vinieron a buscarlo para que reinara sobre toda la nación. Mi experiencia y la que he visto en otros es, que Dios nos lleva de paso a paso hasta que entramos completamente a vivir el propósito de Dios.

Testimonio:

Cuando lideraba la primera iglesia que Dios me llamó a plantar en Leesville, Luisiana, comenzamos rentando un lugar pequeño y viejito, en la avenida principal del pueblo. Creí a Dios por un edificio amplio y adecuado para lograr su propósito. La congregación era pequeña y ¡los recursos financieros también! Yo oraba y ayunaba, y oraba aún más, con mucha fe y fervor, pidiéndole a Dios que enviara a una persona rica y nos escribiera un cheque por una cantidad de 100,000 dólares para edificarle casa a Dios. Mi sorpresa fue grande cuando en medio de mi clamor, Dios me interrumpió y me contestó: "No lo haré", y yo exclamé: ¿Qué Señor? ¿Por qué? Yo quedé sacudido con su respuesta. Inmediatamente el Espíritu Santo habló a mi conciencia y me dijo: "No lo haré, porque si envío la persona que tú me pides y da esa ofrenda no lograré mi propósito en vosotros, porque mi diseño es que mientras vosotros os esforcéis para edificarme un lugar, yo estoy también edificando un lugar en vuestros corazones. Vosotros construiréis una casa para mí y yo construiré la fe de vosotros, y el carácter de Jesucristo en vosotros. Ese día aprendí que lo que logramos para Dios es muy pequeño en comparación con quienes nos convertimos a través del proceso.

David fue entrenado a través del fracaso.

Hubo un momento en la vida de David, en el que se salió del propósito divino de reinar y guerrear por su nación. La Santa Biblia afirma que, al momento de salir a la guerra, David envió a su ejército y se quedó en el palacio. Cuando nos salimos del propósito y la asignación divina corremos peligro. David terminó pecando y tuvo una gran pérdida. Pero David se arrepintió y aprendió de su fracaso. Jamás repitió ese pecado. Cuando la voz de Dios deja de ser nuestra maestra, llega el dolor para enseñarnos la lección. David aprendió del maestro llamado dolor y la experiencia de fracaso. Dios le perdonó porque se arrepintió de corazón y de verdad.

> *"Porque siete veces cae el justo, y vuelve a levantarse; más los impíos caerán en el mal"* (Proverbios 24:16).

Si has caído en pecado, arrepiéntete con una convicción profunda, ¡y levántate! Los planes de Dios no han cambiado y el don que Dios te dio no te lo va a quitar. Sacúdete el polvo y aprende la lección. Vamos; ¡adelante!

Los reyes de esta tierra están buscando a los de Linaje Real para traerlos al palacio.

> *"Y dijo el rey a Aspenaz, jefe de sus eunucos, que trajese de los hijos de Israel, del linaje real de los príncipes, muchachos en quienes no hubiese tacha alguna, de buen parecer, enseñados en toda sabiduría, sabios en ciencia y de buen entendimiento, e idóneos para estar en el palacio del rey; y que les enseñase las letras y la lengua de los caldeos"* (Daniel 1:3-4).

Las personas que ejercen autoridad e influencia en todas las esferas, incluyendo el campo ministerial, empresarial, político, educación, medios de comunicación y ciencias, están buscando a personas entrenadas. Dios las ha equipado con las cualidades y el entrenamiento que David recibió. Las buenas noticias son que tú y yo también somos de Linaje Real en Cristo Jesús. Esfuérzate, paga el precio de la preparación. Yo he aprendido que todos tenemos que esforzarnos y pagar un precio, pero el precio de la mediocridad es mucho mayor que el precio de la preparación a la excelencia; porque la mediocridad se paga toda una vida.

> *"Si se usa un hacha sin filo hay que hacer doble esfuerzo, por lo tanto, afila la hoja. Ahí está el valor de la sabiduría: Ayuda a tener éxito"* (Eclesiastés 10:10 NTV).

Punto de acción:
El objetivo de tu entrenamiento es desarrollar tus dones para que seas lanzado a cumplir con el propósito de Dios para ti aquí en la tierra. Afila tu hacha. Llegó la hora de entrenar para reinar.

CAPÍTULO 9

LA MENTALIDAD DE LOS HIJOS

Hay algo que Dios nos ha dado y nadie nos la puede quitar. Es tan poderosa, que Dios mismo no lo toca. Las fuerzas del enemigo no pueden contra ella. Por ella, la humanidad ha disfrutado cosas maravillosas, y por ella la humanidad ha sufrido mucho dolor y destrucción. ¿De qué estoy hablando? De la voluntad propia del ser humano. Cuando Dios creó nuestro género en Adán, Dios nos creó con un libre albedrío para hacer conforme a nuestra voluntad propia. El Padre celestial nos ama, el Rey Jesucristo cree en nosotros, el Espíritu Santo nos ayuda, y nos da nuevas fuerzas, pero al final del día; somos tú y yo quienes decidimos. Podemos ser influenciados, podemos ser convencidos, pero si al final decimos: "No lo voy a hacer", ahí quedó paralizado nuestro propósito.

Nuestra voluntad propia siempre manifestará lo que hay en nuestra mente. La mentalidad es el conjunto de pensamientos que recibimos y aceptamos, sean verdades o mentiras, "tu mentalidad" será lo que tú expresarás y vivirás. Dios lo explicó así: *"Porque cuál es su pensamiento en su corazón, tal es él…"* (Proverbios 23:7).

Dios nos creó a Su imagen. Somos seres tripartitos. Somos espíritus con un alma, en un cuerpo. Dios es espíritu y nos creó como Él; somos espíritus. En el espíritu está nuestra conciencia. Por eso, el Espíritu Santo habla a nuestra conciencia, la cual fue regenerada cuando recibimos al Señor Jesucristo. Dios nos dio un alma, que es el asiento de nuestros pensamientos conscientes, pensamientos subconscientes (el corazón) y las emociones. Dios nos dio también el cuerpo, que es el traje adecuado para vivir y funcionar en esta dimensión natural de la tierra.

A través del cuerpo (el audio, la vista, el tacto, el olor y el gusto), nosotros recibimos la información que entra en nuestra mente. Si esa información es repetida y aceptada muchas veces, pasará del pensamiento consciente, al subconsciente (el corazón), en el cual, esa idea se convierte en parte de ti. Para que esa información cambie, necesitas tanto voluntad propia como la verdad de Dios recibida. Solo entonces podrás cambiar esas ideas en tu corazón. Dios puso en la conciencia de sus hijos rectitud y justicia. Nuestro espíritu quiere hacer lo correcto, pero nuestra alma (asiento de los pensamientos) es la que interpreta la información, conforme a la programación que has recibido desde que naciste. Entonces, nuestras vidas son la manifestación de la interpretación de nuestros pensamientos fijos, en el asiento de nuestro corazón.

Ejemplo de un pueblo que decidió no cambiar: los israelitas en el desierto.

Sabemos por la experiencia del pueblo israelita, cuando fueron liberados de la opresión del faraón, que los milagros, las señales y los prodigios que Dios hizo en Egipto, no cambiaron la mentalidad de aquel pueblo. Ellos fueron liberados de la esclavitud y del yugo faraónico, pero su mentalidad continuó siendo de esclavos. El cambio tiene que ser de adentro para afuera. Necesitaban una renovación de mente. Necesitaban que sus corazones fueran sanados. Dios lo sabía, y por eso decidió llevarlos por el camino largo.

> *"Y luego que faraón dejó ir al pueblo, Dios no los llevó por el camino de la tierra de los filisteos, que estaba cerca; porque dijo Dios: Para que no se arrepienta el pueblo cuando vea la guerra, y se vuelva a Egipto"* (Éxodo 13:17).

Sus mentes no estaban renovadas. Ya eran libres, pero en sus mentes seguían esclavos. Ellos pensaban muy poco acerca de si mismos. Venían con muchos años de opresión mental y maltrato. Sus mentes estaban débiles por los muchos conceptos errados y los traumas vividos. Pero Dios ya tenía un plan: llevarlos al Monte Sinaí, donde les enseñaría el poder de la adoración que siempre manifiesta su santa presencia la cual trae revelación de las verdades eternas. Dios estaba preparado para renovar sus mentes, para darles las leyes del reino, reprogramarlos en su interior y sanar sus corazones.

La verdad de Dios es más poderosa que los conceptos torcidos que estaban en sus mentes; la luz echa fuera las tinieblas. Pero hubo un gran problema. ¡Ellos no quisieron! Ejercieron el poder de su voluntad propia y le dijeron a Moisés: "Sube tú al monte ante la presencia de Dios, escucha lo que Él te diga; nosotros no queremos acercarnos. Ve tú y dinos lo que Él quiere que hagamos". Y Dios, en su gran misericordia, continuó ofreciéndoles la oportunidad de conocerle y de transformándoles en su ser interior. Pero ellos no querían aceptar el cambio y decidieron por voluntad propia, vivir conforme a su mentalidad de esclavos.

Dios llevó al pueblo de Israel por el camino largo, porque no están listos para la guerra. Su mentalidad no estaba lista para enfrentar ese nivel de oposición y podrían interpretar esa batalla de la forma equivocada, pensando que Dios los había abandonado. "¿Dónde está Dios cuando lo necesitamos?" El asunto no es que Dios no pudiera con el enemigo o que no quisiera ayudarles; ¡se trataba del carácter de ellos! Jesucristo está en una categoría muy superior al enemigo. La pregunta es: ¿cómo estás interpretando la dificultad que estás enfrentando y las que has vivido? Si estamos listos, cada dificultad se convierte en una oportunidad para crecer y para vencer. Si no estamos listos, veremos cada dificultad y problema como un ataque espiritual y entraremos en estrés y caos. Es ahí donde

Dios dice, "Vayan por el camino largo porque no están listos para vencer".

Dios es eterno y no tiene prisa. Él decidió esperar a que la siguiente generación creciera en el desierto con una mentalidad diferente. Ellos nacieron libres. Tú y yo hemos nacido en el reino de Dios y hay libertad en Cristo Jesús, pero tenemos que decidir con el poder de nuestra voluntad propia, que todos los días nos presentaremos en adoración delante del trono de la gracia. Nuestra adoración causará que Dios se entrone y se manifestará. Sentiremos Su presencia y Él nos hablará. Estudiaremos la Biblia y Él nos hablará.

Si estás leyendo este libro y Dios te está hablando, solo tienes que decidir aceptar estas verdades de Dios acerca de ti, y Su propósito para tu vida. Es tu decisión, es tu voluntad, en tus manos está seguir el diseño de Dios o no.

> *"Elías se paró frente a ellos y dijo: «¿Hasta cuándo seguirán indecisos, titubeando entre dos opiniones? Si el Señor es Dios, ¡síganlo! Pero si Baal es el verdadero Dios, ¡entonces síganlo a él!». Sin embargo, la gente se mantenía en absoluto silencio"* (1 Reyes 18:21 (NTV).

El Profeta Oseas proclamó esta verdad eterna:

> *"Mi pueblo fue destruido, porque le faltó conocimiento. Por cuanto desechaste el conocimiento, yo te echaré del sacerdocio; y porque olvidaste la ley de tu Dios, también yo me olvidaré de tus hijos"* (Oseas 4:6).

La guerra está en el campo de la mente, y el enemigo espera que estemos en oscuridad acerca del amor de Dios y de la fidelidad del Padre Dios para con nosotros. La esperanza del enemigo es que no sepamos quienes somos en Cristo.

Eres más que vencedor

> *"Antes, en todas estas cosas somos más que vencedores por medio de aquel que nos amó. Por lo cual estoy seguro de que ni la muerte, ni la vida, ni ángeles, ni principados, ni potestades, ni lo presente, ni lo por venir, ni lo alto, ni lo profundo, ni ninguna otra cosa creada nos podrá separar del amor de Dios, que es en Cristo Jesús Señor nuestro"* (Romanos 8:37-39).

Desde el momento que abriste tu corazón y recibiste al Señor Jesucristo, el Espíritu Santo puso en ti la naturaleza de Cristo. Has sido destinado a vencer. No importa lo que estés atravesando, si esa situación no es lo que Dios ha hablado sobre tu vida, lo que Dios prometió como hijos; entonces esa situación es pasajera. Con la ayuda y dirección del Espíritu Santo, vencerás esa situación y entrarás en el diseño de Dios y vivirás su gran propósito.

Tienes poder, amor y dominio propio

> *"Porque no nos ha dado Dios espíritu de cobardía, sino de poder, de amor y de dominio propio. Por lo cual te aconsejo que avives el fuego del don de Dios que está en ti por la imposición de mis manos"* (2 Timoteo 1:6-7)

Dios no miente, tú eres quien Él dice que tú eres. Tú tienes lo que Él dice que ha puesto en ti. Dios declaró que nos ha dado un espíritu de poder, de amor y de dominio propio. Esto significa que tienes la capacidad dentro de ti, el potencial o la potencia está dentro de ti para hacer lo necesario y vencer.

Tienes dominio propio. Las situaciones y las dificultades no tienen la autoridad para robarte, para deprimirte, para retenerte. Tienes el dominio de tu vida para ejercer el poder y la potencia que Dios ha puesto en ti para declarar, crear, abrir un camino, producir y conquistar. ¿Alguien te hizo daño? Tienes el amor de Dios en ti para perdonar, soltar y seguir adelante. Tú eres un hijo del Altísimo. Tienes autoridad y poder mucho más allá de lo que te has imaginado. Aprende a ir ante Su presencia, aprende a agitar el poder que hay en ti a través de tu don de fe.

Mentalidad de los hijos

Los hijos son como el Padre. Como dice el viejo refrán: "Hijo de tigre sale pintado". Así es con los hijos de Dios. Cuando nacemos de nuevo, en el reino, y somos tiernos en el Señor, la naturaleza de Dios en nosotros no es muy visible. Las personas pueden ver la fe, el amor y la esperanza que Dios nos ha dado. Pero Su carácter y naturaleza están en crecimiento y a su tiempo serán manifiestas. Nuestro Señor Jesucristo es el Rey de reyes y Señor de señores. Él se identificó con el león como declara la siguiente escritura:

> *"Y uno de los ancianos me dijo: No llores. He aquí que el León de la tribu de Judá, la raíz de David ha vencido para abrir el libro y desatar sus siete sellos"* (Apocalipsis 5:5).

El león no es el animal más grande de la jungla, pues tenemos al elefante. El león tampoco es el animal más rápido, creo que lo es el leopardo cazador. Tampoco, el león es el animal más fuerte, pues hay hipopótamos y otros. No es el más inteligente, pues tenemos al mono chimpancé. Entonces, si hay animales más grandes, más fuertes, más rápidos, y más inteligentes, ¿Por qué el león es el rey? Por la actitud, la valentía y la mentalidad del león.

Cuando el león no se intimida al ver un elefante, muestra su naturaleza innata como cazador. A pesar de no ser el más grande, el león cree que puede vencer al elefante. Puede que no sea el más fuerte, pero mantiene la confianza en derrotar al hipopótamo. Aunque no sea el más inteligente, alberga la creencia de triunfar sobre el chimpancé. Aunque no sea el más rápido, sigue convencido de superar al leopardo. La actitud del león irradia victoria y valentía. Su percepción de sí mismo como el rey de la selva resuena a través de su rugido, causando que los demás animales tiemblen.

Llegó la hora de que verdaderamente creas quién eres y lo que Dios ha puesto en ti. Eres un Hijo de Dios y Dios ha puesto en ti: Poder, amor y dominio propio. Dios te ha dado su naturaleza. Dios ha puesto en ti un propósito victorioso.

> *"Todo lo puedo en Cristo que me fortalece"* (Filipenses 4:13).

Hay poder de Dios en ti para cambiar las circunstancias. Tienes el don de fe para remontarte por encima de los problemas. Tienes acceso al trono de la gracia. Tienes la ayuda y la dirección del Espíritu Santo. Vamos, levántate, profetiza lo que Dios ha dicho de ti con la fe que transforma atmósferas y moviliza el reino de Dios a favor tuyo. ¡Ruge hijo de Dios!

> *"Levántate, resplandece; porque ha venido tu luz, y la gloria de Jehová ha nacido sobre ti"* (Isaías 60:1).

Oración: *Acepto quien soy en Ti, Rey Jesucristo. Tomo mi lugar en el reino. Viviré Tu propósito divino y la vida abundante. Soy más que vencedor en Cristo Jesús.*

Punto de acción:
Renuncia a toda actitud de víctima. Reconoce quién eres en Cristo.

CAPÍTULO 10

UNA VISIÓN CLARA

Nuestros teléfonos móviles cuentan con una aplicación que se llama: Sistema de Posicionamiento Global, mejor conocido como GPS. Esta aplicación es una herramienta excelente que nos ayuda a identificar donde estamos, y nos traza un camino hacia a dónde queremos ir. Para que la aplicación pueda darnos opciones de cuál camino o ruta escoger, tenemos que escribir cuál será nuestro destino o punto de llegada. Y una vez que escogemos la ruta, a veces se presentan imprevistos en el camino, así que la aplicación comienza a corregir la ruta ante los obstáculos presentados, pero siempre con el enfoque de llevarnos al destino. Así es con tu destino en Cristo. Tú no podrás alcanzarlo, no podrás vivirlo si no sabes a dónde vas y cuál será el resultado final.

Ya Dios creó tu propósito y tu destino. Ya está hecho en el mundo espiritual, en la dimensión de la eternidad, en donde no hay ayer, ni mañana. Solo necesitas descubrirlo y desarrollar una visión clara. Quiero enfatizar otra vez, hay un destino divino que ya está hecho en Dios para ti. Cuando Dios creó los cielos y la tierra y todo lo que hay en ella, Dios creó tu destino. Jesucristo es el Alfa y la Omega, el principio y el fin, quien ya terminó su obra en ti desde el principio. Observa lo que Dios dijo:

> *"Acordaos de las cosas pasadas desde los tiempos antiguos; porque yo soy Dios, y no hay otro Dios, y nada hay semejante a mí, que anuncio lo por venir desde el principio, y desde la antigüedad lo que aún no era hecho; que digo: Mi consejo permanecerá, y haré todo lo que quiero"* (Isaías 46:9-10).

Dios dijo: No hay otro Dios. Solo yo hice las cosas de principio a fin en la eternidad, y las bajé a la línea cronológica del tiempo para que fueran manifiestas de principio a fin. Todo comenzó en la mente de Dios. Al principio, cuando no existía nada, Dios ya era. Toda la creación, nosotros y nuestros propósitos estaban en Dios. Entonces, Dios comenzó a declarar y a manifestar su idea e intención para la tierra y todo lo que había en ella, incluyendo a nosotros. En la escritura que mencioné en la parte superior, Dios dice: "Yo que anuncio lo por venir desde el principio, desde la antigüedad lo que aún no era hecho". ¿Cómo podemos anunciar lo que aún no se ve? La respuesta es: visión.

La visión para nuestras vidas es la capacidad de ver lo que aún no se ve, pero que ya está hecho por Dios para nosotros en el espíritu. La visión es cuando en nuestra mente podemos ver lo que Dios dijo acerca de nosotros y puso en cada uno. Cuando lo vemos en la mente, tenemos que creerlo, escribirlo y comenzar a declararlo. Abraham entendió este principio del reino y se convirtió en un ejemplo para todos nosotros:

> *"Cómo está escrito: Te he puesto por padre de muchas gentes delante de Dios, a quien creyó, el cual da vida a los muertos, y llama las cosas que no son, como si fuesen"* (Romanos 4:17).

El enemigo de nuestra visión es la vista natural. Miramos nuestra situación presente, miramos los obstáculos y desafíos, entonces nos caemos de la dimensión de la fe, la cual Dios nos mandó a caminar, y comenzamos a vivir en la dimensión de la realidad presente. Nuestra realidad siempre cambiará. Hoy tenemos y mañana no, y viceversa; pero la visión que Dios nos ha dado, esa es una verdad espiritual, permanente, buscando que la manifestemos y la produzcamos.

> *"Porque por fe andamos, no por vista"* (2 Corintios 5:7).

Si estás tomando decisiones por lo que ves con tus ojos naturales, te saliste del modelo de Dios.

Debemos cuidar los sueños y la visión

Tu visión envuelve cuando eras niño y soñabas con ser esto o aquello. Tu visión envuelve lo que soñaste cuando tenías 15 años, 20 años, o 30 años. Tu visión está entrelazada con tus dones y talentos, sueños y lo que te apasiona. Tal vez, el enemigo usó a alguien para aplastar tu sueño; esa visión que Dios te dio. La buena noticia es, que el propósito de Dios es poderoso en tu vida, y aunque sea aplastado, vuelve a aparecer, vuelve a resurgir y sale de lo profundo de tu corazón. El propósito de Dios busca continuamente darse a conocer y revelarse en tu vida, a través de ideas claras que forman una visión en ti.

Testimonio:
Desde niño, Dios había puesto en mí una facilidad y un deseo para negociar. Una vez cambié una radio portátil por un caballo. Pueden imaginarse el rostro de mi mamá cuando llegué cabalgando y le dije: "Mami cambié mi radio por este caballo". Desde muy niño me gustó negociar. A los 16 años trabajé en un almacén de comida, ahorré dinero y comencé a comprar prendas de oro y las vendía. Me resultaba fácil y lo disfrutaba. Recuerdo que tenía 23 años, cuando inicié mi llamado de pastor como respuesta al llamado que había recibido del Señor. Con la responsabilidad de levantar una nueva iglesia, y con recursos muy limitados, comencé a orar para que Dios me diera estrategias de cómo plantar la obra de Dios. Recuerdo, que una mañana me levanté y las ideas comenzaron a fluir como un río en mi mente. Rápidamente las escribí en un cuaderno. Yo estaba emocionado y decidí ir a presentárselas a mi superior en la organización eclesiástica a la que pertenecía. El presbítero me recibió y compartí con él que: "Estaba orando acerca de estrategias para ayudar con la nueva iglesia y para suplementar ingresos a mi familia; creo que Dios me ha

dado estas ideas de negocios que servirían para aliviar la carga financiera". Y añadí: "Estoy emocionado porque leí en la Biblia que el apóstol Pablo hacía tiendas, las vendía y con esos fondos podía sostenerse y avanzar la causa de Cristo". Aquel presbítero me miró con una cara de disgusto y me dijo: "esos pensamientos no son de Dios. Usted no puede aceptar el llamado de Dios y regresar al mundo. Usted está siendo tentado y tiene que renunciar a esos pensamientos. Y acerca del apóstol Pablo, que sea la última vez que usted se atreve a compararse con uno de los apóstoles". Yo creí las palabras de aquel hombre por su posición. Salí devastado, pues pensé que el diablo me había tentado. Llegué a mi casa, me tiré de rodillas y lloré delante de Dios pidiéndole perdón por haber considerado una tentación del enemigo. Ese día renuncié a esa supuesta trampa del enemigo. Pasaron los años y esas ideas surgían una y otra vez, de lo profundo de mi ser, pero yo las reprendía. Pero Dios no se rindió conmigo e insistió resurgiendo la visión en mi corazón. Hoy día, lideramos no solo una iglesia, pero una red de iglesias, Dios nos permitió no solo levantar un negocio, sino varios negocios, y estamos viviendo esa visión de ayudar a la iglesia y a las misiones financieramente. ¡Gloria a Dios! Siempre que me acuerdo, solo puedo decir: "¡Gracias Señor Jesucristo, porque hasta en los momentos cuando yo no creía en mí mismo, tú Señor nunca te rendiste conmigo!" Así que, yo te aconsejo que cuides tus sueños y la visión que Dios te permite ver en tu mente.

No permitas que nadie te aplaste la visión. Y si ya sucedió, llegó la hora de soñar otra vez y escribir esa visión para tenerla delante de tus ojos para así correr con ella.

Identifica cuáles son tus sueños y qué es lo que ves en tu mente. ¿Glorifican a Dios? ¿Benefician o ayudas a otros? ¿Envuelven un don que Dios te dio? Si las repuestas son afirmativas, entonces escribe la visión y comienza a dar pasos a la realización de ella. Requerirá planificación, entrenamiento, preparación para el lanzamiento y ser fructífero.

> *"Deléitate asimismo en Jehová, Y Él te concederá las peticiones de tu corazón. Encomienda a Jehová tu camino, Y confía en Él; y Él hará. Exhibirá tu justicia como la luz, Y tu derecho como el mediodía"* (Salmos 37:4-6).

Testimonio:
La visión necesita ser escrita. Recuerdo que, en diciembre del 2011, reuní a mi familia para hacer un devocional familiar y hablar del siguiente año nuevo. Compré unos manuales para mi esposa e hijos. Les dije: Vamos a soñar con Dios. Quiero que escriban todas las cosas que desean hacer, realizar, experimentar y disfrutar en sus vidas. Todos comenzamos a escribir. La lista de nuestros hijos llegó a unas 20 cosas, y les dije: es muy poco, continúen creyendo y soñando. La lista

comenzó a crecer más y unos minutos más tarde, cada uno de nosotros teníamos alrededor de 100 cosas que deseábamos hacer o lograr en nuestras vidas.

Esa noche marcó nuestras vidas. Algo sucedió en nosotros. Es como si esos deseos hubieran sido semillas en nuestros corazones y comenzaron a germinar. Al momento de escribir este libro, muchas de las cosas que habíamos transferido de nuestros corazones a esos cuadernos ya se habían cumplido. Todos los años, yo regreso a mi librito verde y repaso lo que soñé y añado nuevos sueños. Este ejercicio familiar nos ayudó tanto, que mi amada esposa y yo decidimos introducirlo a toda la iglesia para que ellos pudieran también soñar con Dios y crear su libro de sueños. Ha sido de gran satisfacción para nosotros, cada vez que alguien se nos acerca y nos dice: "Lo que escribí en mi libro de sueños ya me lo dio Dios". Algunos dicen: "¡Ya pude conquistar esto que escribí en mi libro de sueños!" ¡Que gozo para nosotros! Estoy hablando de nuevos ministerios, restauraciones familiares, encontrar el esposo o la esposa que Dios escogió para ellos, creación de negocios, mejores trabajos, diplomas universitarios, automóvil ideal, casa ideal, viajes turísticos internacionales, así como pequeños, pero muy significativos detalles.

Es hermoso ver la alegría y la satisfacción de los hijos de Dios, cuando realizan o viven algún propósito que salió de su corazón. Para nosotros, es inestimable cuando alguien conquista y descubre que todo lo puede en Cristo Jesús que le fortalece. Que hermoso ver la transformación de los muchos hijos que creyeron a Dios, se entrenaron, se prepararon, pagaron el precio de la consistencia y trabajaron para lograr su visión. En el proceso, Dios estaba trabajando en sus corazones formando el carácter de Jesucristo en ellos.

Punto de acción:

"Y Jehová me respondió, y dijo: Escribe la visión, y decláralas en tablas, para que corra el que leyere en ella" (Habacuc 2:2)

Consigue un cuaderno, pon tu nombre completo y la fecha. Aparta un lugar donde no haya distracciones y empieza a soñar con Dios. Después, reúne a tu familia y muéstrales cómo hacer lo mismo.

CAPÍTULO 11

EL CAMINO ESTRECHO

Los hijos que saben quiénes son y conocen su propósito, caminan con la convicción firme de vivir una vida estrecha y disciplinada por los principios del reino de Dios. La visión que Dios les ha dado marca unas disciplinas para poder alcanzarla. Ellos escogen amistades y asociaciones, basadas en el propósito de Dios para sus vidas y la visión que Dios les ha revelado.

El camino estrecho es de confianza en Dios, confianza en quienes somos, y una determinación de esforzarnos y ser valientes para obedecer cada palabra que sale de la boca de Dios.

> *"Jesús, respondiéndole, dijo: Escrito está: No sólo de pan vivirá el hombre, sino de toda palabra de Dios"* (Lucas 4:4).

Esto significa una determinación de vivir con la cultura del reino de Dios, con los principios y las leyes del reino; con integridad. El camino estrecho es para los que deciden vivir a la manera de Dios.

> *"Solamente esfuérzate y sé muy valiente, para cuidar de hacer conforme a toda la ley que mi siervo Moisés te mandó; no te apartes de ella ni a diestra ni a siniestra, para*

que seas prosperado en todas las cosas que emprendas" (Josué 1:7).

El camino estrecho es de obediencia a la palabra de Dios

Tú entras en el camino estrecho cuando decides, con una convicción profunda, que vivirás de la manera correcta. Sin excusas, sin emociones, sin deseos carnales; sencillamente tú decides que harás lo correcto. Pones tu mirada en el galardón, en la meta, y vámonos. Ese es el camino estrecho, corto y seguro; hacia el cumplimiento de tu destino.

El camino estrecho es el camino con mentores

> *"Y Él mismo constituyó a unos, apóstoles; a otros, profetas; a otros, evangelistas; a otros, pastores y maestros, a fin de perfeccionar a los santos para la obra del ministerio, para la edificación del cuerpo de Cristo"* (Efesios 4:11-12).

El Señor Jesucristo diseñó un modelo para que tuvieras éxito. Recuerda que Él ya estableció que tú eres más que vencedor en Él. Nos dio entrenadores: apóstoles, profetas, evangelistas, pastores y maestros, para que pudiéramos ver, aprender, e imitar la fe vivida por ellos. Dios tiene personas de fe que creen en tu potencial y quieren usar su don para desarrollarte en la fe. Te aconsejo que busques a esos líderes y maestros que serán instrumentos de Dios para tu aceleramiento.

Tener un mentor, es tener acceso a la sabiduría adquirida sin el dolor de la experiencia.

Tomo la oportunidad para dar gracias a los mentores que, a través de los años, hicieron depósitos del reino de Dios en mí. En especial, mil gracias, a los que vieron el potencial de Dios en mí. Les estoy eternamente agradecido. Les honro, los amo y les bendigo.

En el camino estrecho hay que enfrentar al enemigo

> *"Entonces Jesús fue llevado por el Espíritu al desierto, para ser tentado por el diablo... Entonces Jesús le dijo: Vete, Satanás, porque escrito está: Al Señor tu Dios adorarás, y a Él sólo servirás. El diablo entonces le dejó; y he aquí vinieron ángeles y le servían"* (Mateo 4:1,10-11).

La Biblia dice que cuando el Señor Jesucristo fue bautizado en las aguas, inmediatamente fue llevado por el Espíritu Santo para enfrentar al diablo. Jesucristo no necesitaba preparación ni entrenamiento; así que, inmediatamente, el Espíritu Santo lo llevó a conquistar al diablo.

Recuerda que cuando Dios liberó al pueblo israelita de la esclavitud en Egipto, como la Biblia dice: "Dios los llevó por el camino largo para que no se arrepintieran cuando vieran a los enemigos".

Vamos a tener que enfrentar a nuestros enemigos, incluyendo a los más grandes, como nuestros temores e inseguridades. Los tres gigantes que tendremos que vencer se llaman: orgullo, sexo y codicia. El rey Jesucristo ya los venció y nosotros tendremos que vencerlos.

El camino estrecho demanda un espíritu de fe

> *"Entonces Caleb hizo callar al pueblo delante de Moisés, y dijo: Subamos luego, y tomemos posesión de ella; porque más podremos nosotros que ellos. Más los varones que subieron con él, dijeron: No podremos subir contra aquel pueblo, porque es más fuerte que nosotros"* (Números 13:30-31).

Es una convicción profunda, cuando te aferras de esa verdad profética: "Dios lo dijo. Es nuestro y vamos por Él". No importando lo que otras voces digan acerca de ti. Personas te dirán, no se puede, yo lo intenté y no salió, quien te crees que eres, etc., pero Caleb les dijo: "Si Jehová se agradare de nosotros, los comeremos como pan".

El camino estrecho es para los que están bajo autoridad

David ejerció dominio sobre Goliat porque él estaba funcionando bajo autoridad. Quienes aprenden a caminar bajo autoridad, el Señor les confía autoridad.

> *"Porque también yo soy hombre bajo autoridad, y tengo bajo mis órdenes soldados; y digo a éste: Ve, y va; y al otro: Ven, y viene; y a mi siervo: Haz esto, y lo hace"* (Mateo 8:9).

Estar bajo autoridad trae orden, validación, productividad, protección, preservación e identidad. Si no tienes una autoridad que te cubra, alguien a quien tu obedeces, entonces búscala y encuéntrala pronto, porque Jesucristo mismo cuando llegó su tiempo de iniciar su ministerio, lo primero que hizo fue buscar a Juan el Bautista para que lo bautizara, y Juan no quería, él le decía al Señor Jesucristo: bautízame a mí. Pero Jesucristo le dijo que esto no era un asunto de quien es más poderoso, sino de justicia, de alineamiento y de orden. Cuando estamos bajo autoridad, los cielos se abren, el Padre te promueve, hay aceleramiento, se te confía autoridad. Cuando estás bajo autoridad; la autoridad del reino se activa en ti.

Mi esposa y yo tenemos personas que conocen nuestras vidas y nos pueden preguntar lo que ellos quieran. Dios las ha puesto para cuidarnos, aconsejarnos y bendecirnos. En el camino amplio, la gente no se somete y terminan haciendo lo que ellos quieren. No hay sometimiento, no hay obediencia ni autoridad espiritual. En el camino estrecho es todo lo contrario.

El camino estrecho no es un asunto de religiosidad, es un asunto de mentalidad

El camino estrecho, es para avanzar y entrar a tomar posesión de las promesas de Dios adquiridas. El camino estrecho se abre para quien tiene una actitud de fe ganadora. Cuando miramos la vida de los héroes de la fe en el capítulo 11 del libro de Hebreos en la Biblia, vemos a personas que tuvieron que aprender a conquistar.

> *"¿Y qué más digo? Porque el tiempo me faltaría contando de Gedeón, de Barac, de Sansón, de Jefté, de David, así como de Samuel y de los profetas; que por fe conquistaron reinos, hicieron justicia, alcanzaron promesas, taparon bocas de leones, apagaron fuegos impetuosos, evitaron filo de espada, sacaron fuerzas de debilidad, se hicieron fuertes en batallas, pusieron en fuga ejércitos extranjeros"* (Hebreos 11:32-34).

Ellos, ante toda clase de adversidad, siguieron creyendo en las promesas de Dios y conquistaron. Ellos son los que ahora están arriba de nosotros como una gran nube de testigos afirmando que sí se puede en la fe de Dios.

101

"Por tanto, nosotros también, teniendo en derredor nuestro, tan grande nube de testigos, despojémonos de todo peso y del pecado que nos asedia, y corramos con paciencia la carrera que tenemos por delante, puestos los ojos en Jesús, el autor y consumador de la fe, el cual por el gozo puesto delante de Él sufrió la cruz, menospreciando el oprobio, y se sentó a la diestra del trono de Dios" (Hebreos 12:1-2).

Oración: *Señor Jesucristo, perdóname por tener la actitud incorrecta. Hoy me levanto con una mentalidad llena de fe, estoy decidido a vivir conforme a Tú propósito. Yo soy más que vencedor en Cristo Jesús.*

Punto de acción:
Alinéate bajo una autoridad espiritual correcta, y comienza a utilizar tu tiempo para vivir el propósito de Dios para tu vida.

CAPÍTULO 12

ENFÓCATE EN EL ESPÍRITU SANTO

El Espíritu Santo, es la persona más importante para nosotros en este planeta. El mismo Señor Jesucristo dijo:

> *"Pero yo os digo la verdad: Os conviene que yo me vaya; porque si no me fuera, el Consolador no vendría a vosotros; más si me fuere, os lo enviaré"* (Juan 16:7).

El Espíritu Santo es el Espíritu de la Promesa

En el principio, cuando Dios creó al género humano, Dios formó su cuerpo del polvo de la tierra y sopló Su espíritu en el hombre; y se convirtió en un ser viviente, o un cuerpo con un espíritu, conectado al Espíritu de Dios.

> *"Entonces Jehová Dios formó al hombre del polvo de la tierra, y sopló en su nariz aliento de vida, y fue el hombre un ser viviente"* (Génesis 2:7).

Adán, en ese momento se convirtió en un ser humano, en un ser tripartito, un espíritu con un alma, en un cuerpo, y Dios era su conexión y cobertura espiritual. La desobediencia de Adán al tomar del fruto del bien y el mal, causaron en él que se desconectara del Espíritu Santo, e inmediatamente comenzó a usar su razonamiento lógico y depender de su opinión. Dejó de caminar en el espíritu y de discernir por el Espíritu Santo.

> *"Entonces fueron abiertos los ojos de ambos, y conocieron que estaban desnudos; entonces cosieron hojas de higuera, y se hicieron delantales"* (Génesis 3:7).

Esa palabra "conocieron", significa que usaron su razonamiento intelectual en vez del discernimiento espiritual. Comenzaron a razonar por su opinión y no por la revelación de las verdades de Dios. En ese momento todo cambió para el género humano. El hombre ya no estaba conectado al Espíritu Santo, y Dios ya no era su cabeza y cobertura.

Pero Dios dio una promesa en Génesis 3:15

> *"Y pondré enemistad entre ti y la mujer, y entre tu simiente y la simiente suya; ésta te herirá en la cabeza, y tú le herirás en el calcañar".*

Dios le dijo a la serpiente antigua, "la simiente de esta mujer (un hijo, un descendiente) te herirá en la cabeza (cortará la autoridad que le quitaste a Adán en esta tierra)". Esa fue la promesa de Dios. Yo enviaré mi palabra activa (El Verbo), tomará forma de Hombre y lo llenaré con mi Espíritu Santo. Él caminará no por su opinión, sino haciendo lo que ve (discerniendo en el espíritu) al Padre hacer. La promesa es: "Enviaré a uno que caminará como Adán caminó conmigo, la serpiente lo tentará, pero Él vencerá, y pagará el precio para restaurar todas las cosas al modelo original".

Cuando Él (Jesucristo) termine su obra redentora, aplastará la cabeza del enemigo, y así podrá reconectar y bautizar con su Espíritu Santo a todo aquel que le reciba. Él será cabeza (cobertura) otra vez, como en el principio.

Así que la promesa de Dios en el jardín del Edén fue que enviaría a uno que restauraría nuestra conexión con el Espíritu de Dios, para caminar por el espíritu y no por la carne, y nos bautizaría con su poder, para vivir los propósitos de Dios aquí en la tierra.

> *"Ahora, pues, ninguna condenación hay para los que están en Cristo Jesús, los que no andan conforme a la carne, sino conforme al Espíritu. Porque la ley del Espíritu de vida en Cristo Jesús me ha librado de la ley del pecado y de la muerte. Porque lo que era imposible para la ley, por cuanto era débil por la carne, Dios, enviando a su Hijo en semejanza de carne de pecado y a causa del pecado, condenó al pecado en la carne; para que la justicia de la ley se*

> *cumpliese en nosotros, que no andamos conforme a la carne, sino conforme al Espíritu. Porque los que son de la carne piensan en las cosas de la carne; pero los que son del Espíritu, en las cosas del Espíritu"* (Romanos 8:1-5).

Así que todo lo que el Señor Jesucristo hizo por nosotros, fue para que el Espíritu Santo pudiera vivir en nosotros y guiarnos a vivir en justicia, escuchando y recibiendo la revelación de la verdad para que la pusiéramos por obra. Lo hizo para que pudiésemos tener una comunión íntima con el Espíritu Santo, una conexión y una cobertura espiritual. El Espíritu Santo es la gran promesa del Padre.

> *"He aquí, yo enviaré la promesa de mi Padre sobre vosotros; pero quedaos vosotros en la ciudad de Jerusalén, hasta que seáis investidos de poder desde lo alto"* (Lucas 24:49).

Repito, el Espíritu Santo es la persona más importante en tu vida y en este mundo. Se han escrito muchos libros acerca del Espíritu Santo; pero, todos esos libros juntos no son suficientes para describir su naturaleza maravillosa y gloriosa. Yo quiero resaltar solo algunas características del Espíritu Santo.

El Espíritu Santo

1. Es la tercera persona de la Santísima Trinidad. La Biblia dice que Él se entristece, habla, escucha, se agrada, convence, lidera, nos enseña. Es una persona de la deidad de Dios. La tercera no significa menos, porque el Padre, el Hijo y el Espíritu Santo, son uno.

2. Es Dios con nosotros en este tiempo. Jesucristo está a la diestra del Padre en el trono celestial. El Espíritu Santo es "el Jesucristo invisible" que te está formando para vivir el propósito divino, eso es, si tú se lo permites.

3. Es quien vela para poner por obra las palabras de Jesucristo en nosotros. Es por lo que tenemos que leer la palabra de Dios, y hablar todo el tiempo la palabra de Dios, porque el Espíritu Santo está comprometido a poner las palabras de Dios por obra, no nuestra opinión ni lo contrario a Su palabra. Los espíritus inmundos andan buscando que la gente declare con su boca lo contrario a la palabra de Dios, para que ellos la pongan por obra. Cuando tú dices: "estoy enfermo y esta enfermedad no se me quita", el Espíritu Santo piensa: ¿qué estás diciendo? Yo no puedo obrar sobre esa declaración. Yo he venido a poner las palabras de Dios por obra. Comienza a declarar: "escrito está, por la sangre de Jesucristo, yo estoy curado" para que yo pueda actuar. De otra

manera, los espíritus merodeadores vendrán y dirán "nosotros podemos ayudarle a permanecer enfermo como él ha declarado".

4. Es quien nos revela todo lo de Dios. El Espíritu Santo conoce el corazón del Padre. Él nos revela nuestro propósito, por donde debemos ir y lo que tenemos que hacer. También nos revela lo que no tenemos que hacer y lo que nos puede dañar. Él es quien remueve los velos en nuestra mente (2 Corintios 3:15-18).

5. Es nuestro Maestro por excelencia, nuestro Consejero, nuestro Consolador y nuestro Pastor.

6. Es nuestro hacedor de milagros, señales y prodigios. Quien nos ayuda a concebir para dar a luz y manifestar lo de Dios en nosotros.

7. Es quien nos da de su poder ilimitado. El Señor Jesucristo buscando algo que se asimilara al poder del Espíritu Santo, utilizó el término griego *"dunamis"* que significa "dinamita". Imagínate, dinamita pura y sin límites. Con razón el apóstol dijo: "todo lo podemos en Cristo que nos fortalece".

8. Es quien nos ministra la paz y el gozo que sobrepasa todo entendimiento humano. Este mundo es en ocasiones un caos, pero solo el

Espíritu Santo imparte esa paz en medio de cualquier tormenta de la vida (Romanos 14:17).

9. Es el Espíritu de Sabiduría. Para no caminar por las opiniones de nuestra carne, de lo que perciben nuestros cinco sentidos, sino por la sabiduría de Dios, que nos lleva a la honra, riquezas y una larga vida.

> *"Y reposará sobre Él el Espíritu de Jehová; espíritu de sabiduría y de inteligencia, espíritu de consejo y de poder, espíritu de conocimiento y de temor de Jehová"* (Isaías 11:2).

El Espíritu Santo es todo eso, y ¡muchísimo más! Solo tenemos que reconocerlo todos los días y honrarlo a través de nuestra adoración, pedirle que nos enseñe, nos ayude, nos guie, nos de nuevas fuerzas y cumpla su propósito en nosotros.

Si yo pudiera resaltar algo más del Espíritu Santo, sería que Él es quien te marca. Cada experiencia genuina que tengas con el Espíritu Santo te marcará para siempre. Cuando te revela algo, te marca para siempre. Cuando te abraza con su santa presencia, te marca. Cuando te consuela, te marca. Cuando te corrige, te marca. Cuando te empodera, te marca. Jamás serás el mismo después que tengas una interacción con el Espíritu Santo.

El Espíritu Santo es quien ministra el amor incondicional del Padre. Recuerdo una vez que el Espíritu Santo me mostró que le estaba fallando en un área, eso me dolió tanto que me tiré de rodillas y empecé a llorar pidiéndole perdón. Jamás olvidaré Sus palabras que susurró a mi conciencia: "No me has defraudado". Yo le respondí: Señor me acabas de revelar como te he fallado, y Él me contestó: "Hijo, Yo lo sé todo. Yo conozco tu pasado, tu presente y tu futuro. Por eso no puedes defraudarme, pues los defraudados son aquellos que esperaban una cosa y sucedió otra. Yo sé quién eres, lo que has hecho, lo que haces y lo que harás; y yo creo en ti". Desde ese momento en adelante, mi vida cambió y he podido ministrar a muchos esta verdad de la aceptación en Él.

El Espíritu Santo no se da por vencido y no te abandona

Nadie cree en ti como el Espíritu Santo. Recuerdo que, en el tiempo más difícil de mi vida, yo decidí renunciar al llamado ministerial. Me puse de rodillas y le dije: "Señor te entrego el ministerio", y hubo un silencio que lo sentí profundo en mi ser. Unos días después lo repetí y experimenté ese profundo silencio. La tercera vez que le dije: "Señor, por favor escoge a otro, te entrego el ministerio". El Espíritu Santo habló a mi conciencia como con una voz de trueno, y me dijo: "No". Yo inmediatamente me postré en el piso temblando y le dije: Señor hágase tu voluntad y no la mía. Hoy le doy gracias al Espíritu Santo que me amó tanto que no aceptó mi renuncia. El Espíritu Santo cree mucho más en ti de lo que tú crees en Él. Su fidelidad es grande y Su amor inagotable. Todavía resuena dentro de mí Su palabra: "No acepto, porque Jesucristo será glorificado a través de ti y muchos sabrán que Yo soy el Señor".

Él es tu mentor por excelencia, quien fue enviado para ayudarte a que vivas la vida abundante que Jesucristo compró en la cruz del calvario.

Mi pecado más grande

En una ocasión, un apóstol amigo estaba predicando en nuestra iglesia, y de repente dijo: "Piensen en aquello que más desean y pónganlo frente a ustedes, porque Dios se agrada en conceder los deseos de su corazón". Yo inmediatamente pensé en lo que más quería en ese momento, y para mi vergüenza, lo que pensé que más quería en ese momento era algo material. El Espíritu Santo inmediatamente habló a mi conciencia y me dijo: "Yo no soy lo que más quieres". En ese momento comencé a llorar y me arrepentí cambiando mi forma de pensar y le dije: perdóname, Señor, desde este momento en adelante, mi mayor deseo será conocerte más y caminar contigo. Mi pecado más grande ha sido las veces que he ignorado al Espíritu Santo.

Cuando el Espíritu Santo se convierta en todo tu mundo, entonces Él se glorificará en ti para que vivas el destino de Dios. Recuerda que Él tiene poder ilimitado para ayudarte a alcanzar lo que sea. La clave está en vivir con Él y obedecerle.

El Espíritu Santo probará tu fe

> *"Y si hijos, también herederos; herederos de Dios y coherederos con Cristo, si es que padecemos juntamente con Él, para que juntamente con Él seamos glorificados"* (Romanos 8:17).

Si sufrimos con Él, también reinaremos con Él. Cuando leemos ese pasaje, inmediatamente pensamos que tenemos que aguantar que nos lastimen y maltraten, pero aquí no está hablando de cualquier sufrimiento, sino de un sufrimiento específico. Es ese sufrimiento que experimentamos cuando levantamos un altar de adoración ante Dios para entregarle algo valioso, para desprendernos de algo que anhelamos retener, pero no es parte de la voluntad de Dios para nuestras vidas. Es el sufrimiento relacionado con morir en la cruz a nuestros deseos carnales, en un acto de plena confianza en Dios, con una actitud humilde y obediente al Señor.

Se refiere al sufrimiento de morir al "yo", al egocentrismo, y a veces, a ese sufrimiento de desprenderse de algo confiando en Dios. Hasta las aspiraciones más nobles y las promesas más grandes que Dios nos ha hablado o entregado, pueden ser probadas, como en el caso de Abraham con su hijo Isaac. Dios le pidió a Abraham que le entregara su hijo probando así confianza de Abraham hacia Dios.

Cuando sufrimos "la cruz" de tal forma con Jesús, reinaremos con Él con autoridad y poder. En el caso de Abraham, cuando Dios vio la fe de Abraham, le dijo: "Tu descendencia conquistará las puertas de las ciudades". En otras palabras: ¡Ellos Reinarán!

El Espíritu Santo, la persona más valiosa

Una vez leí acerca de un veterano americano de la guerra. Él había perdido sus dos piernas cuando pisó un explosivo enterrado en el camino. Debido a su nueva condición fue regresado a los Estados Unidos, donde conoció a quien es ahora su esposa. En el artículo, ella lo estaba cargando en su espalda como cuando se juega a las carreras transportando a alguien en la espalda. Los dos se veían muy felices. El reportero le preguntó si estaba arrepentido de haber servido en la guerra porque perdió sus piernas, pero el veterano de guerra dijo: "No estoy arrepentido en absoluto; más bien, si tuviera que perder mis piernas de nuevo lo haría, pues perdiendo mis piernas fue que llegué a conocer a mi esposa".

Así es en el reino de Dios con el Espíritu Santo. Cuando recibimos al Señor Jesucristo hallamos la perla de gran precio. Entonces Él envió al Espíritu Santo a vivir en nosotros y con nosotros. Que privilegio y que honra para todos los hijos de Dios en Cristo.

Quiero que conozcas al glorioso Espíritu Santo como la persona más valiosa en tu vida. Que tu enfoque sea conocer más al Espíritu Santo, honrarle, servirle y aprender más de Él. Cuando el Espíritu Santo se convierte en la persona más valiosa en tu corazón, prepárate para ser levantado, vestido de autoridad y vivir el propósito de Dios en esta tierra.

Punto de acción:

Reconócele en adoración diariamente. Anhela Su comunión, escucha Su voz, y obedece cada instrucción.

CONCLUSIÓN

ESTE ES TU TIEMPO

"Antes bien, como está escrito: Cosas que ojo no vio, ni oído oyó, ni han subido en corazón de hombre, son las que Dios ha preparado para los que le aman" (1 Corintios 2:9).

Sueña con Dios, cree en Sus palabras, prepárate, esfuérzate y sé valiente, porque a Dios le ha placido bendecirte.

Estos principios del reino de Dios que he compartido contigo han transformado la vida de miles, incluyendo la mía. Las verdades de Dios son poderosas y ellas son semillas que han sido depositadas en tu corazón. Aquellos que las reciben en su ser interior con plena seguridad, las transfieren a su alma con el poder de una convicción firme, y las germinan con sus declaraciones y acciones consistentes; activarán su propósito y vivirán el destino de Dios.

"Digo: ¿Qué es el hombre, para que tengas de él memoria, y el hijo del hombre, para que lo visites? Le has hecho poco menor que los ángeles, Y lo coronaste de gloria y de honra. Le hiciste señorear sobre las obras de tus manos; todo lo pusiste debajo de sus pies" (Salmos 8:4-6).

Eres un hijo de Dios. Tienes el poder legal para vivir como hijo del reino de Dios y vivir tu destino. Te ha coronado de gloria y honra. Te dio la autoridad en esta tierra.

Recuerda que nadie puede ayudarte hasta que no decidas cambiar tu manera de pensar. Dios te dio el poder de tu propia voluntad.

"Eres único, eres maravilloso, eres valioso, eres poderoso, eres justo, eres santo, eres escogido, eres un hijo amado; eres realeza".

Estas fueron las palabras que utilicé al principio en la introducción de este libro. Tengo la fe que esas verdades se han activado en ti. Mi oración es que ahora las recibes y las aceptas con gozo y con mucha gratitud a Dios Padre, Hijo y Espíritu Santo, quien merece toda la gloria y la honra.

Me gustaría saber de qué manera te ha ayudado este libro con respecto a tu identidad, tu propósito y tu destino en Cristo. De cómo cambiaste tu prueba en promoción, tu aflicción en bendición, y tus sueños en realidades. Escríbeme al correo electrónico en la parte de atrás de la portada. Estaré orando por ti y por cada persona que lea este libro. Gracias por invertir tus recursos y tu tiempo para leerlo.

Te bendigo en el nombre del Señor Jesucristo. Decreto un tiempo de avance. Decreto una revelación de tu identidad en Cristo y una activación del propósito de Dios en tu vida. Que Dios te sorprenda, llevándote a vivir cosas mayores de las que has pensado acerca de ti. Declaro en la autoridad del Rey Jesucristo: *¡Este es tu tiempo!*

ACERCA DEL AUTOR

El Dr. Sidney Morales nació y creció en un hogar con escasos recursos en Puerto Rico. Sirviendo en el Ejército de los Estados Unidos tuvo su encuentro con Dios y recibió el llamado al ministerio. Él, junto a su esposa Patricia Tercero Morales, fundaron la Red de Iglesias Linaje Real Internacional con sede en Lafayette, Luisiana, donde actualmente radican con su familia. Sidney Morales es el fundador de la empresa *Expansion Group*. Esta empresa que se especializa en servicios de preparación de impuestos, notario, seguros, e inversiones de inmobiliarios y crypto monedas, está abriendo puertas y creando empleos en la ciudad. Sidney recibió su maestría en Consejería Bíblica y su doctorado en Teología de *Latin University of Theology*. Su pasión es entrenar a personas que creen en las promesas de Dios sobre sus vidas y desean superarse. Este anhelo de su corazón lo ha llevado a viajar a más de 20 países, ofreciendo conferencias y ministrando el corazón de Dios.

Para comunicarse con el Apóstol Sidney pueden escribir a: dr.sidneymorales@gmail.com.

Made in the USA
Columbia, SC
23 July 2024

38580892R00065